Bronislaw Huberman und das *Vaterland Europa*

Ein Violinvirtuose als Vordenker
der europäischen Einigungsbewegung
in den 1920er und 1930er Jahren

Hans-Wolfgang Platzer

Hans-Wolfgang Platzer

BRONISLAW HUBERMAN UND DAS *VATERLAND EUROPA*

Ein Violinvirtuose als Vordenker der europäischen Einigungsbewegung in den 1920er und 1930er Jahren

Bibliografische Information der Deutschen Nationalbibliothek
Die Deutsche Nationalbibliothek verzeichnet diese Publikation in der Deutschen Nationalbibliografie; detaillierte bibliografische Daten sind im Internet über http://dnb.d-nb.de abrufbar.

Bibliographic information published by the Deutsche Nationalbibliothek
Die Deutsche Nationalbibliothek lists this publication in the Deutsche Nationalbibliografie; detailed bibliographic data are available in the Internet at http://dnb.d-nb.de.

Alle Abbildungen in Kapitel 3:   The Huberman-Archive at the Felicja Blumental Music Center and Library, Tel-Aviv, Israel. Abdruck mit freundlicher Genehmigung.

Paperback: ISBN 978-3-8382-1354-5
Hardcover: ISBN 978-3-8382-1374-3
© *ibidem*-Verlag, Stuttgart 2019
Alle Rechte vorbehalten

Das Werk einschließlich aller seiner Teile ist urheberrechtlich geschützt. Jede Verwertung außerhalb der engen Grenzen des Urheberrechtsgesetzes ist ohne Zustimmung des Verlages unzulässig und strafbar. Dies gilt insbesondere für Vervielfältigungen, Übersetzungen, Mikroverfilmungen und elektronische Speicherformen sowie die Einspeicherung und Verarbeitung in elektronischen Systemen.

All rights reserved. No part of this publication may be reproduced, stored in or introduced into a retrieval system, or transmitted, in any form, or by any means (electronic, mechanical, photocopying, recording or otherwise) without the prior written permission of the publisher. Any person who does any unauthorized act in relation to this publication may be liable to criminal prosecution and civil claims for damages.

Printed in the EU

Bronislaw Huberman. Kaltnadelradierung von Emil Orlik 1919

Für Gaby

Inhaltverzeichnis

Vorwort 11

1 Einleitung 17

2 Zum geschichtlichen Kontext:
Europa zwischen den Weltkriegen 29
Politische Einigungsbestrebungen 29
Europapläne und Integrationsinitiativen
gesellschaftlicher Organisationen 41
Graf Coudenhove-Kalergi und die Paneuropa-Union 48

3 Zur Biografie Hubermans 57
Der Künstler 57
Der Homo Politicus 67

4 Der Vordenker und Botschafter eines vereinten Europa 77
Hubermans Weg zum engagierten Europäer 77
Das *Vaterland Europa* schaffen: Die konzeptionellen und
strategischen Vorstellungen Hubermans 91
    Die politische Dimension 92
    Die ökonomische Dimension 103
    Die kulturelle Dimension und die europäische Mentalität 113
Aktivist der europäischen Einigungsbewegung 121

5 Rückblicke und Ausblicke:
Bronislaw Huberman und die heutige Europäische Union ... 135
Hubermans visionärer Realismus 140
Hubermans europapolitisches Vermächtnis in Zeiten der Krise und
Geschichtsvergessenheit 149

Literaturverzeichnis 155

Vorwort

Diese Studie ist einem Zufall geschuldet, genauer gesagt, einer Fußnote, die sich als „glücklicher Fund" erwies. Glückliche Funde spielen beim wissenschaftlichen Arbeiten des Öfteren eine Rolle. Durch sie wird Neues entdeckt oder Altes wiederentdeckt. Im vorliegenden Fall war es beides. In besagter Fußnote in einem historischen Werk über Europa und die europäischen Einigungsbestrebungen nach dem Ersten Weltkrieg werden zwei Schriften Bronislaw Hubermans erwähnt: sein 1925 erschienener Aufsatz *Mein Weg zu Paneuropa* und seine 1932 publizierte Schrift *Vaterland Europa*. Das machte mich neugierig. Trotz meiner beruflichen Beschäftigung mit Fragen der Europäischen Integration war mir Bronislaw Huberman als Vordenker und Aktivist der europäischen Einigungsbewegung bis dahin nicht bekannt.

Wohl war mir Bronislaw Huberman durch mein Hobby, das Geigespielen und durch mein Interesse an Musik, seit langem „ein Begriff", zählt er doch zu den großen Violinisten der ersten Hälfte des Zwanzigsten Jahrhunderts. Heute noch zugängliche Einspielungen zeugen davon. Auch hatten sich mir einige biografische Daten über einen – auch politisch – bewegten Lebensweg des Künstlers Huberman eingeprägt. Eines Geigers, der aus einer jüdischen Familie stammend und in Polen geboren, durch die nationalsozialistische Machtergreifung zur Emigration gezwungen wird, der sich für verfolgte Musiker engagiert und ihnen mit der Gründung und finanziellen Unterstützung eines Orchesters im damaligen Palästina (dem heutigen Israel Philharmonic Orchestra) zum Überleben verhilft.

Dass nun dieser Künstler und zu seiner Zeit weltberühmte Geiger Bronislaw Huberman auch ein engagierter, weitsichtiger Homo Politicus und Europäer war, war nach der Lektüre seiner beiden Schriften eine überraschende und zugleich faszinierende Entdeckung. Weitere Recherchen ergaben, dass Hubermans musikalische Laufbahn wie auch sein Wirken beim Aufbau des „Palestine Orchestra" gut dokumentiert sind, nicht jedoch sein politisches Engagement in der Paneuropa-Bewegung der 1920er und 1930er Jahre.

Da zahlreiche Intellektuelle und Künstler in dieser Zeit die europäische Einigungsbewegung ideell unterstützten, darunter Albert Einstein, Heinrich und Thomas Mann, Stefan Zweig, Ortega y Gasset, Paul Valéry, wäre an dieser Facette der Biografie Hubermans nichts Außergewöhnliches, würden da nicht zwei Merkmale hervorstechen: Die Intensität und Nachhaltigkeit seines praktischen Engagements für ein vereintes Europa und die analytische Tiefenschärfe und politische Weitsicht seiner programmatischen Schriften.

Eine Auseinandersetzung mit Hubermans Vorstellungen zu einem *Vaterland Europa* erschien mir somit aus mehreren Gründen ein lohnendes Unterfangen zu sein.

Huberman greift in seinen Schriften Ideen und Konzeptionen des zeitgenössischen Europa-Diskurses auf, der in den sich formierenden pro-europäischen Netzwerken der 1920er Jahre geführt wurde. Aber er setzt auch eigene inhaltliche und politisch-strategische Akzente und thematisiert in origineller Weise Grundsatzfragen der Europäischen Einigungspolitik. Diese Gedankenwelt Hubermans, die den Ersten Weltkrieg, die „Urkatastrophe des Zwanzigsten Jahrhunderts" (George F. Kennan) verarbeitet, spielte in den großen Europa-Debatten nach dem Zweiten Weltkrieg erneut eine Rolle. Darüber hinaus nahmen manche seiner Vorstellungen in konkreten Integrationsprojekten seit den 1950er Jahren politische Gestalt an und sind teilweise bis heute aktuell geblieben.

Mit diesen Hinweisen auf den bedeutenden Beitrag eines Künstlers zur Idee eines vereinten Europas, der gleichwohl weithin in Vergessenheit geraten ist, ist bereits angedeutet, was dieser kleine Band leisten möchte und was er nicht zu sein beansprucht. Er ist weder eine historische Detailstudie zur Europabewegung der 1920er und 1930er Jahre noch eine politisch akzentuierte Biografie, auch wenn der für Hubermans Europa-Engagement relevante Nachlass und Archivbestand herangezogen werden konnte, der im Felicja Blumental Music Center and Library in Tel Aviv aufbewahrt und gepflegt wird.

Die Studie verbindet biografische, zeitgeschichtliche und gegenwartsbezogene Elemente. Sie porträtiert Huberman als Künstler und Homo Politicus und sie beschreibt und würdigt seine Europa-Konzeption und sein Wirken in der Paneuropa-Bewegung. Zudem werden in essayistischer Weise auch längere historische Linien gezogen, die Hubermans Ideen und Visionen unter dem Horizont der Integrationsentwicklung nach 1945 und der heutigen Europäischen Union beleuchten.

Damit mag dieses Buch einen Leserkreis sowohl unter Musikliebhabern wie europapolitisch und integrationsgeschichtlich Interessierten ansprechen.

Erstere mögen durch die Auseinandersetzung mit Bronislaw Huberman als Vordenker und Botschafter der europäischen Einigungsbewegung neue Facetten dieser vielschichtigen Künstlerpersönlichkeit entdecken. Letztere mögen einen weitsichtigen Repräsentanten Europäischen Denkens kennen lernen, der im Kontext einer ersten, von gesellschaftlichen Eliten getragenen europäischen Einigungsbewegung in den 1920er und 1930er Jahren Vorstellungen entwickelt und vertreten hat, die „über den Tag hinaus" wirkten. Diese Vorstellungen sind gut 90 Jahre später noch immer – oder wieder – politisch virulent. Denn die heutige krisengeschüttelte Europäische Union steht vor der schwierigen Aufgabe, als Friedensprojekt und Wohlstandsprojekt – dies sind die beiden zentralen Begründungsachsen in Hubermans Europa-Konzeption – erkennbar und handlungsfähig zu bleiben.

Der Musikwissenschaftler Harald Eggebrecht stellt in seinem Buch „Große Geiger" den Künstler Huberman und die Besonderheiten seines Violinspiels vor. Er erweitert dieses Musikerporträt um eine geradezu emphatische Würdigung Hubermans als Humanist und Homo Politicus:

> „Dieser Musiker ist auch eines der großen moralischen Vorbilder des Jahrhunderts: unbestechlich, politisch für die Überwindung nationaler Grenzen werbend, chauvinistische und rassistische Vorurteile bekämpfend, jederzeit hilfsbereit gegenüber den Mühseligen und Beladenen. Huberman wurde in den zwanziger Jahren von manchen belächelt, heute muss er als Vordenker eines vereinigten Europa gefeiert werden. (...) Es wäre an der Zeit ihn weltweit zu ehren, nach ihm Plätze und Straßen zu benennen und einen europäischen Kulturpreis auszuloben, der den Namen dieses politischen Visionärs trägt" (Eggebrecht 2005: 264f).

Diese Studie widmet sich ihrem Gegenstand mit einer wissenschaftlich gebotenen sachlich-kritischen Haltung. Sie kann und will kein „Denkmal setzen". Aber sie mag doch, im Sinne dieses Zitats, auch als eine kleine Hommage gelesen werden.

Danksagung

Mehreren Personen, die mich bei der Arbeit an dieser Studie unterstützt haben, möchte ich an dieser Stelle sehr herzlich danken.

Mein großer Dank gilt Irit Schönhorn, Direktorin des Felicja Blumental Music Center and Library in Tel Aviv. Aus einer Mail-Anfrage an das Zentrum zu Beginn meines Vorhabens, hat sich ein reger persönlicher Gedankenaustausch entwickelt und eine großartige Unterstützung durch die Bereitstellung relevanter Archivbestände zum Europa-Engagement Hubermans ergeben.

Gegen Ende meiner Arbeit an dieser Veröffentlichung erhielt ich erneut die enorm hilfreiche und professionelle Unterstützung durch das Felicja Blumental Music Center and Library. Jochewed Schwarz, der neuen Leiterin und Olga Filatuva, der Archivarin des Zentrums, bin ich sehr dankbar dafür, dass sie mir weitere Quellen (Briefe und Fotos Hubermans sowie zeitgenössische Presseartikel) zugänglich gemacht haben, die Eingang in das Buch gefunden haben.

Für sorgfältige Literaturrecherchen im Bereich der musikwissenschaftlichen Huberman-Forschung, möchte ich Fabian Kunze, Musikwissenschaftler an der Universität Tübingen, sehr herzlich danken.

Mein großer Dank gilt des Weiteren Justyna Staszcak, ehemals wissenschaftliche Mitarbeiterin an der Hochschule Fulda, die mir eine für diese Studie wichtige, in polnischer Sprache erschienene Huberman-Biografie durch eine Übersetzung ins Deutsche zugänglich gemacht hat.

Ebenso herzlich danke ich meiner langjährigen wissenschaftlichen Hilfskraft Till Fennel, der mir auch bei diesem Projekt wertvolle Zuarbeit geleistet hat.

Mein besonderer Dank gilt schließlich meinem geschätzten Kollegen Volker Hinnenkamp, der in gleich mehreren Funktionen diese Veröffentlichung begleitet und ermöglicht hat; als federführender Mitherausgeber der Schriftenreihe, in der dieser Band erscheint, als sorgfältiger Lektor des Skripts und als kreativer Gestalter des Layouts.

Tübingen, im Frühjahr 2019

Hans-Wolfgang Platzer

1

Einleitung

„*Der europäische Zusammenschluss ist ein schwieriges Ziel, aber es gibt etwas, das noch viel schwieriger wäre: Die Erhaltung Europas im heutigen Zustand. Daher lautet nicht die Alternative: Europäische Föderation oder Nationalstaaten, sondern entweder Föderation, d.h. unermessliche gegenseitige Erweiterung des Produktions- und Absatzgebietes, Massenproduktion, Lohnerhöhung und Preissenkung, Hebung des Lebensstandards der Völker, Ende des Klassenkampfes, Beginn des faktischen Völkerfriedens, Aufblühen der Nationalkultur; oder aber das Labyrinth von internationalem Misstrauen, Rüstungswahn, (...) Produktionsverfall, Arbeitslosigkeit, Klassenhass, Bürgerkrieg, Völkerkrieg, Chaos. Daher ist der europäische Anschluss keine Forderung der Idealisten, sondern eine conditio sine qua non des Weiterlebens der europäischen Völker.*"

Diese Gedanken formuliert Bronislaw Huberman im Jahr 1932. Sie stammen aus seiner Grußadresse für den Paneuropa-Kongress, der damals in Basel stattfand und mehrere Hundert Intellektuelle, Diplomaten und Politiker zusammenführte, die sich in der Paneuropa-Union engagierten. In diesem Netzwerk, das sich für ein vereintes Europa einsetzte war Huberman – als ein Pionier der ersten Stunde – bereits im achten Jahr aktiv.

Der flammende Appell Hubermans gibt die politisch bedrohliche Lage wieder, in der sich Europa Anfang der 1930er Jahre befindet. Dieses Europa leidet ebenso unter den unbewältigten Folgen der Weltwirtschaftskrise von 1929 mit Massenarbeitslosigkeit und tiefgreifenden gesellschaftlichen Spannungen, wie unter den ergebnislos gebliebenen Bemühungen um die europäische Einigung und dauerhafte Friedenssicherung.

Die Textpassage vermittelt geradezu exemplarisch auch einen ersten Eindruck von Hubermans europapolitischem Denken und Argumentieren. Ausgangspunkt und Zentrum seiner Überlegungen sind die Zusammenhänge von Ökonomie, gesellschaftlicher Wohlfahrt und Völkerfrieden. Die Ökonomie bildet dabei – dies klingt bereits in dieser Grußadresse an – den Dreh- und Angelpunkt. Kennzeichnend für sein europapolitisches Werben ist ferner sein Denken in Gegensatzpaaren und sein Argumentieren in kontrastiven Zuspitzungen. Auch die Grußbotschaft lebt von diesem politischen Entweder-Oder: Hier der politisch brüchige und friedensgefährdende Status quo eines Europa der Kleinstaaterei, der ökonomischen Zersplitterung, der gesellschaftlichen Spaltung und der chauvinistischen Staatenkonkurrenz; dort der zu schaffende grenzübergreifende Wirtschaftsraum mit seinen Wohlfahrtsgewinnen und friedenspolitischen Verheißungen.

Wie ein roter Faden zieht sich schließlich ein Denkmuster durch seine Veröffentlichungen, demzufolge die schlechten Gegenwartsverhältnisse die bessere europäische Zukunft bereits in sich tragen würden und die Zeit reif sei, durch eine intensive Aufklärungsarbeit und durch die politische Mobilisierung breiter Bevölkerungsschichten die Europäische Einigung zu verwirklichen. Für Huberman ist ein föderal geeintes *Vaterland Europa* keine ferne Utopie, sondern ein in höchstem Maße von politischem Realismus getragenes Projekt der Stunde.

Von all dem wird ausführlich die Rede sein.

Bronislaw Hubermans Lebensspanne – er wird im Jahr 1882 geboren und stirbt im Jahr 1947 – umfasst eine Zeit tiefgreifender historischer Umbrüche. Dies gilt für die Kunst- und Musikgeschichte, aber mehr noch für die Politik- und Wirtschaftsgeschichte und für die Weltgeschichte. Einem seiner frühen Konzerte als „Wunderkind" in Wien wohnen Johannes Brahms, Anton Bruckner und Gustav Mahler bei. Er begegnet also noch den herausragenden Komponisten der Spätromantik und im Falle Mahlers des musikalischen Fin de Siècle. Er spielt vor „gekrönten Häuptern" und erlebt mithin noch eine feudale Gesellschaftswelt und Epoche, die mit dem Ersten Weltkrieg untergeht. Er entdeckt auf seinen Tourneen durch die Vereinigten Staaten in der frühen Nachkriegszeit eine Welt, die ihn – wie er später schreibt – *zum überzeugten Europäer macht*; eine Welt demokratischer Verhältnisse und wirtschaftlicher Dynamik. Er nimmt die Entwicklungen in Russland und das Entstehen des Sowjetsystems aufmerksam zur Kenntnis und entwickelt zu diesem Gesellschaftsmodell eine zeitlebens ablehnende Haltung – nicht aus einer politisch konservativen, sondern aus einer demokratischen, sozialreformerischen Grundhaltung heraus. Er nimmt aktiv an den Bestrebungen teil, Europa politisch und wirtschaftlich zu einen und eine dauerhafte Friedensordnung zu schaffen. Er wird Zeitzeuge der Weltwirtschaftskrise und des Scheiterns der ersten Demokratie in Deutschland. Er muss zusehen, wie mit der Machtergreifung Hitlers und dem Vormarsch des Faschismus und des aggressiven Nationalismus in Europa „sein europäisches Projekt" und alle politischen Bestrebungen einer demokratischen überstaatlichen Neuordnung Europas obsolet werden. Er erleidet die beginnende Judenfeindlichkeit in seiner deutschen bzw. österreichischen Wahlheimat. Er erfährt das Schicksal eines Emigranten und – als aktiv Mitbeteiligter – die Entwicklungen in Palästina seit Mitte der 1930er Jahre, wo er ein Orchester aufbaut, das verfolgten jüdischen Musikern zum Überleben verhilft. Er erlebt das Ende des Zweiten Weltkriegs und in der Schweiz, seinem letzten Domizil, noch die unmittelbare Nachkriegszeit. Die dann – etwa mit dem Haager-Kongress 1948 und der Gründung des Europarats im darauf folgenden Jahr – beginnenden realen Prozesse der Europäischen Einigung erlebt er nicht mehr.

Bereits die wenigen Hinweise zur Biografie Bronislaw Hubermans und die einleitenden Schlaglichter auf das Weltgeschehen und die geschichtlichen Ereignisse, die dieses Leben bestimmt und geprägt haben, zeigen, wie vielschichtig die kulturellen, gesellschaftlichen und politischen Kontexte sind, in die eine Studie, die sich dem europapolitischen Denken und Wirken Hubermans widmet, eingebettet ist.

Um einleitend diesen geschichtlichen Kontext wenigstens anzudeuten, seien einige der wesentlichen Epochenmerkmale hervorgehoben:

Politikgeschichtlich betrachtet ist die erste Hälfte des 20. Jahrhunderts eine Periode, in der die imperiale Machtentfaltung und Staatenkonkurrenz sowie ein bisher unbekanntes Ausmaß nationaler Mobilisierung ihre Höhepunkte erreichten (Raphael 2011) und in der die Instabilität der nach dem Ersten Weltkrieg entstandenen europäischen Staatenwelt in fataler Weise mit der Instabilität der innerstaatlichen demokratischen Entwicklungen in mehreren europäischen Ländern korrespondierte (Möller 1998). Aus dieser Konstellation heraus entstanden faschistische Regime und im Falle Deutschlands die nationalsozialistische Diktatur, deren verbrecherischer Eroberungs- und Vernichtungswille zum Zweiten Weltkrieg und zum Holocaust führte.

Unter einem wirtschafts- und sozialgeschichtlichen Blickwinkel betrachtet ist die Zwischenkriegszeit zweigeteilt: Einer Periode der gesellschaftlichen Modernisierung und moderaten Wohlstandsentwicklung in den meisten Ländern Europas folgte – ausgelöst durch die Weltwirtschaftskrise im Jahr 1929 – eine Phase tiefer ökonomischer Einbrüche und gesellschaftlicher Verwerfungen, die wiederum zum Nährboden autoritärer und diktatorischer Regime wurden.

Ideen- und kulturgeschichtlich wird das Europa der ersten Jahrhunderthälfte als ein Laboratorium der Moderne wahrgenommen: als eine Zeit wissenschaftlicher Durchbrüche und einer enormen kulturellen Dynamik und Produktivität in den Bereichen der Literatur, der Malerei und der Musik; aber auch als eine Epoche, die mit den neuen politischen Weltanschauungen, die sie hervorbrachte, zugleich zum Exerzierfeld zweier totalitärer Großideologien, des Faschismus und des Kommunismus stalinistischer Prägung wurde, die zu historisch ungekannten Ausmaßen an Menschenverachtung und Menschenvernichtung führten.

In der heutigen Erinnerungskultur weit weniger präsent, aber im Kontext dieser Studie umso bedeutsamer ist, dass in den 1920er und 1930er Jahren – anknüpfend an eine lange Tradition philosophischer Europa-Entwürfe – neue politisch-diplomatische Vorstellungen zur Integration Europas hervorgebracht und erste zaghafte Schritte in diese Richtung unternommen wurden und dass in dieser Periode erstmals gesellschaftliche Netzwerke und Initiativen entstanden sind, die sich dem Ziel der Europäischen Einigung verschrieben haben.

Auf diese besondere politik- und ideengeschichtliche Facette der Zwischenkriegszeit, also auf die Anstrengungen zur Europäischen Einigung, die auf politisch-diplomatischer wie auf gesellschaftlicher Ebene unternommen wurden, muss sich die Beschreibung der zeitgeschichtlichen Rahmenbedingungen für das Wirken Hubermans weitgehend beschränken.

Und auch dabei sind – dem essayistischen Format und Anspruch dieses Buches folgend – weitere Eingrenzungen und Schwerpunktsetzungen notwendig.[1] Das ideengeschichtliche Erbe, das Huberman in Fragen der Europäischen Einigung vorfindet, kann ebenso nur in Grundzügen skizziert werden wie die Einigungsbestrebungen auf politischer Ebene, also etwa die Briand-Initiative, die darauf zielte, im Rahmen des Völkerbundes eine Europäische Bundesordnung zu schaffen. Etwas ausführlicher werden die gesellschaftlichen Netzwerke und deren Europa-Aktivitäten behandelt, wobei der Paneuropa-Union, der sich Huberman anschloss und die er in Wort und Tat unterstützte, ein besonderes Augenmerk geschenkt wird.

Zum Stand der Huberman-Forschung und -Rezeption

Auf welche Primär-und Sekundärquellen kann sich eine Beschäftigung mit Huberman stützen?

Neben den im Vorwort genannten Archivbeständen im Felicja Blumental Music Center and Library, Tel Aviv, die Hubermans langjähriger Sekretärin und Begleiterin Ida Ibbeken zu verdanken sind, gibt es zwei ebenfalls von ihr zusammen mit Tzvi Avni herausgegebene Briefeditionen: „The Listener Speaks. 55 Years of Letters from the Audience to Bronislaw Huberman" (1961) und „An Orchestra Is Born" (1969). Ein Katalog „The Bronislaw Huberman Archive (1882-1947)" wurde 1977 von Tzvi Avni herausgegeben.

Huberman hat keine Autobiografie hinterlassen. Aus seiner Feder stammen drei Veröffentlichungen: die 1912 erschienene Abhandlung *Aus der Werkstatt des Virtuosen*, die auf einem Vortrag vor dem Wiener Volksbil-

---

[1] Wollte man die Zeitspanne zwischen dem Ende des Ersten Weltkrieges und dem Beginn des Zweiten Weltkrieges umfassender darstellen und ein „kondensiertes Epochenporträt" zeichnen, wäre man mit folgendem Problem konfrontiert: „Die geschichtswissenschaftliche Forschung zu dieser Epoche ist schlicht unüberschaubar, die Fülle an Detailwissen und an Spezialuntersuchungen macht sie zu der vermutlich besterforschten Phase in der langen Geschichte Europas" (Raphael 2011: 9).

dungsverein basiert und die einige autobiografische Hinweise enthält, sowie zwei Veröffentlichungen zur Europäischen Einigung, der 1925 in der Schriftenreihe der Paneuropa-Union erschienene Aufsatz *Mein Weg zu Paneuropa* sowie seine 1932 im Berliner Verlag für Kulturpolitik erschienene Schrift *Vaterland Europa*.

Weit umfangreicher sind die Sekundärquellen: Eine Biografie mit wissenschaftlichem Anspruch hat Piotr Szalsza[2] (2001) vorgelegt. Diese bislang nur in polnischer Sprache vorliegende Studie behandelt in einem Kapitel (allerdings auf schmaler Quellenbasis) auch das europapolitische Engagement Hubermans. Ansonsten existiert nur eine weitere Veröffentlichung, die sich unmittelbar und ausschließlich dem europapolitischen Denken und Wirken Hubermans widmet: Der 1967 anlässlich des 20. Todestages von Huberman (zunächst in italienischer Sprache) erschienene Aufsatz von Helmut Goetz „Bronislaw Huberman and the Unity of Europe".

Sehr gut erschlossen ist hingegen das politische und humanitäre Wirken Hubermans bei der Unterstützung jüdischer Musiker während der Nazi-Diktatur und beim Aufbau des Palestine Orchestra. An erster Stelle sind hier zwei quellenreichen Studien zu nennen: Barbara von der Lühe (1998) „Die Musik war unsere Rettung"[3] und „Orchestra of Exiles" (2016) von Josh Aronson und Denise George. Diesem Buch ging ein von Josh Aronson 2012 produzierter Dokumentarfilm mit gleichnamigem Titel voraus, in dem der Oscar nominierte New Yorker Regisseur auch sehr ausführlich

---

[2] Piotr Szalsza hat 2010 auch den Dokumentarfilm „Huberman oder Die Vereinigung Europas und die Violine" produziert.
[3] Im Mittelpunkt dieser Gruppenbiografie stehen die deutschsprachigen Gründungsmitglieder des von Huberman geschaffenen Palestine Orchestra. Die Studie wertet umfangreiches Archivmaterial zum Wirken Hubermans aus.

und eindrucksvoll den künstlerischen und politischen Lebensweg Hubermans präsentiert.[4] Eine weitere biografische Studie, die sich schwerpunktmäßig dem Engagement Hubermans bei der Rettung jüdischer Musiker widmet, hat Peter Aronson 2018 vorgelegt.

In der musikwissenschaftlichen Literatur nimmt Huberman in allen Lexika und Handbüchern zum Thema „Große Geiger" einen prominenten Platz ein. Zu nennen sind insbesondere die Publikationen von Hartnack (1977), Campbell (1980), Schwarz (1983), Roeseler (1987) und Eggebrecht (2005).

Schließlich sind im Internet Darstellungen seines Lebens und Wirkens sowie Konzertmitschnitte und Studioaufnahmen abrufbar.

Zum Gang der Darstellung

Mit einem Grundriss der europäischen Einigungsbestrebungen in den 1920er und 1930er Jahren wird im nachfolgenden Kapitel 2 zum einen an einen weitgehend in Vergessenheit geratenen Teil der europäischen Integrationsgeschichte erinnert, zum anderen ein historischer Bezugsrahmen geschaffen, der es möglich macht, das im Kernkapitel 4 analysierte europapolitische Denken und öffentliche Wirken Hubermans zeitgeschichtlich einzuordnen und zu würdigen.

Zuvor unternimmt Kapitel 3 eine biografische Annäherung an den Künstler und Homo Politicus Huberman. In einem ersten Schritt wird der Werdegang Hubermans zu einem der bedeutendsten Violinisten seiner Generation nachgezeichnet und ein kurzer Blick auf die musikwissenschaftliche Rezeption seiner Geigenkunst geworfen. Sodann geht es um jene Teile seiner Biografie, die ihn durch sein außergewöhnliches politisches

---

[4] Eine deutsche Fassung dieser Filmproduktion wurde am 14.1.2017 auf 3sat unter dem Titel „Orchester im Exil. Zum 70. Geburtstag des Israel Philharmonic Orchestra" gesendet.

und humanitäres Engagement zu einem Homo Politicus machen. Wie eng sich für Huberman im Laufe seines Lebens sein künstlerisches und politisches Wirken verbinden sollten, beschreibt er in einem Vortrag, den er im Dezember 1934 im Polish Institute of Arts and Letters in New York zum Thema der Europäischen Einigung hält:

„Art and politics seem indeed such disparate ideas that when I had progressed half-way to my Paneuropean convictions I faltered and had to ask myself what is it which pushes me along this new path? Although I felt in my sub-conscious mind that there must be some inward connection between my impulse towards art and my impulse towards so-called politics (which incidentally mean something quite special for me), I could at first find no answer. I had to descend into the furtherest depths of my soul to find the hidden link between them. And then I made a stupefying discovery; I had assumed hitherto that we artists practice art for art's sake only. I now say that this was a mistake (...). The true artist does not create art as an end in itself; for him humanity is the end, he creates art for human beings, to give them joy, exaltation and forgetfulness of their sorrows. And believe me, this consciousness of fulfilling a higher mission towards his fellow-men is necessary if the artist is to compensate himself for a life full of privations and care. Bound up therefore with the art is its social function.

Is it then so I asked myself, so great jump from the function a real artist is performing, in giving spiritual exaltation to thousands for an hour or two, over to this new activity with which I now hoped, rightly or wrongly, but with fanatical faith to contribute to the lasting spiritual and material welfare of 400 millions of Europeans?" (Huberman Archiv, Tel Aviv).

Zum Zeitpunkt dieses Vortrags war Hubermans Sorge um Europa und sein Werben für die europäische Einigungsidee bereits von einer – persönlich wie politisch – noch größeren Herausforderung überlagert, die er zehn Monate zuvor, im Oktober 1933, in einem Brief an einen Bekannten wie folgt beschrieben hatte: *„Ich bin Pole, Jude, freier Künstler und Paneuropäer. In jeder dieser Eigenschaften von mir muss ich den Hitlerismus als meinen Todfeind ansehen, den mit allen mir zur Verfügung stehenden Mitteln zu bekämpfen mir meine Ehre und mein Gewissen, meine Überlegung ebenso wie mein Impuls gebieten"* (Nachlass Tel Aviv; zitiert nach von der Lühe 1997: 10).

Diese Phase seines Lebens, in der er öffentlich Stellung gegen den aufkommenden Faschismus bezieht und in der er sich im Zuge der nationalsozialistischen Judenverfolgung für jüdische Künstlerkollegen einsetzt, in dem er ihre Auswanderung nach Palästina ermöglicht und ihre berufliche Existenz und ihr Überleben durch die Gründung eines Orchesters sichert, wird im zweiten Teil von Kapitel 3 behandelt.

Ganz dem Vordenker und Botschafter der europäischen Einigung ist dann das Kapitel 4 gewidmet. Auf der Basis von Hubermans Schriften und seiner Korrespondenz zum Thema Europa, zeitgenössischen Presseartikeln über sein europapolitisches Engagement sowie einigen Sekundärquellen (die in diesem Bereich allerdings sehr spärlich sind), zeichnet dieses Kapitel nach wie Huberman zu seinem europapolitischen Engagement kam, welchen integrationspolitischen Dimensionen sein Denken gilt, wie sein *Vaterland Europa* beschaffen ist, welche Wege für ihn zur Europäischen Einigung führen und wen er als Träger dieses Prozesses sieht.[5]

---

[5] Für diese Studie konnte der gesamte dem Thema „Huberman und Paneuropa" gewidmete Archivbestand des Felicja Blumental Music Center and Library, Tel Aviv, herangezogen werden. Die Originaldokumente aus dem Nachlass Hubermans umfassen insbesondere den Briefwechsel zwischen Huberman und Coudenhove-Kalergi, dem Vorsitzenden der Paneuropa-Union, sowie die dem Thema Europa gewidmete Korrespondenz Hubermans mit Freunden, Weggefährten und weiteren Persönlichkeiten des politischen und kulturellen Lebens. Ferner umfasst das archivierte Quellenmaterial zeitgenössische Presseartikel, die das öffentliche Wirken und Europa-Engagement Hubermans dokumentieren. Dazu zählen seine in verschiedenen europäischen

Die beiden Europaschriften Hubermans lesen sich – um eine musikalische Anleihe zu nehmen – wie ein „Thema con variationi". D.h., seine 1925 entwickelten Grundgedanken bilden für spätere Äußerungen das „thematische Material", das variiert, erweitert, verdichtet und neu kombiniert wird. In dieser Studie werden die verschiedenen Quellen in der Zusammenschau interpretiert und unter teils chronologischen vor allem aber unter systematischen Gesichtspunkten präsentiert. Dabei wird Huberman „ausführlich zu Wort kommen", indem aus seinen Veröffentlichungen wie aus seinem Briefverkehr teils auch längere Textpassagen zitiert werden, um das zeitliche Kolorit, die oftmals überraschende, unkonventionelle Gedankenführung und die sprachliche Stilistik seines Werbens für ein vereintes Europa ein Stück weit einzufangen.[6]

Mit Blick auf Hubermans Buch *Vaterland Europa* lohnt der Hinweis, dass verschiedene Tageszeitungen über das Erscheinen dieses „politischen Bekenntnisbuchs" (so die Charakterisierung in der Münchner Post vom 12.12.1932) berichteten. Eine Besprechung im Berliner Tageblatt vom 14. Dezember 1932 endet mit dem Ausblick: „Den Realpolitikern und denen, die sich gern so nennen, wird es nicht gefallen, was der Musiker zu ihrem Geschäft zu sagen hat. Er sagt das Richtige. Daher wird man ihn einen Utopisten schimpfen" (Huberman Archiv, Tel Aviv).

Das abschließende Kapitel 5 „Rückblicke und Ausblicke" schlägt einen Bogen von der Gedankenwelt Hubermans und den Integrationsbestrebungen der Zwischenkriegszeit zum Werden der heutigen EU und zur gegenwärtigen krisenhaften Entwicklung des europäischen Integrationsprojekts.

Zeitungen veröffentlichten europapolitischen Artikel sowie Interviews, die er in Sachen Paneuropa führte. Diese Dokumente werden nachfolgend mit der Quellenangabe und dem Fundort „Huberman Archiv, Tel Aviv" zitiert.
[6] Dabei wird die Schreibweise Hubermans beibehalten.

Dieser Brückenschlag umspannt mittlerweile einen rund 100jährigen Prozess europäischer Integrationsbestrebungen bestehend aus Versuchen und Irrtümern, Niederlagen und Erfolgen, kühnen Visionen und pragmatischen kleinen Schritten. Dieser geschichtliche Brückenschlag dient einer abschließenden Würdigung Hubermans als Vordenker und Botschafter der europäischen Einigung. Dabei soll herausgearbeitet werden, wie sich Hubermans integrationspolitische Vorstellungen in die lange Tradition föderalistischer Europaideen einordnen, wie und warum manche seiner konkreten Ausformulierungen ihrer Zeit verhaftet blieben oder sich als falsch erwiesen haben und wo er in geradezu visionärer Weise Integrationsbereiche und operative Schritte beschreibt, die sich teilweise wie eine Handlungsanleitung für das reale Einigungsgeschehen nach dem Zweiten Weltkrieg lesen.

2

Zum geschichtlichen Kontext: Europa zwischen den Weltkriegen

Politische Einigungsbestrebungen

Der Erste Weltkrieg, der mit seinen bis dahin historisch beispiellosen Materialschlachten zu ungefähr 10 Millionen Toten und über 20 Millionen Verwundeten geführt hatte, brachte auch eine neue Staatenordnung und neue territoriale Strukturen in Europa hervor, die im Vertragswerk von Versailles ihre völkerrechtliche Fixierung fanden. Die neue europäische Staatenwelt, die im Baltikum, auf dem Balkan und durch die Gründung Ungarns und der Tschechoslowakei entstanden war, war in den 1920er und 1930er Jahren durch eine doppelgesichtige Grundstruktur geprägt: demokratisch gefestigten und politisch stabilen Ländern – die skandinavischen Länder und die Benelux-Staaten, sowie die Schweiz, Großbritannien und Frankreich – standen Länder gegenüber, in denen demokratische Entwicklungen labil blieben oder sich autoritäre Herrschaftsstrukturen herausbildeten, die schließlich, wie in Deutschland, Spanien und Italien in totalitäre Systeme mündeten.

„Die in Krieg und Revolution begründeten extremen Veränderungen der europäischen Staatenwelt hatten in denjenigen Staaten einen Legitimierungsdruck geschaffen, die die Staatsform, das Regierungssystem und das Staatsterritorium (und damit zum Teil sogar die Zusammensetzung des Staatsvolkes) verändert hatten. Diese Staaten, Neugründungen, aber auch revolutionierte Staaten wie Deutschland, waren dadurch von vorneherein labiler, weil die neuen Ordnungen erst noch an Legitimität gewinnen mussten; dies gelang der Mehrzahl nicht" (Möller 1998:10).

Ein zweites Strukturelement der Nachkriegsordnung und zugleich ein Novum in den internationalen Staatenbeziehungen, war die Gründung des Völkerbunds, der am 20. Januar 1920 seine Arbeit aufnahm. Den Vereinigten Staaten von Amerika war mit ihrem Kriegseintritt im Jahr 1917 auch eine Schlüsselrolle bei der Neugestaltung der Nachkriegsordnung in Europa zugefallen. Der vom US-Präsidenten Woodrow Wilson (1856-1924) initiierte, universalistisch ausgerichtete Völkerbund, dessen Satzung Teil des Versailler Vertrags war, sollte auch zu einer europäischen Friedensordnung einen Beitrag leisten.

Sowohl mit Blick auf die globalen Zielsetzungen als auch mit Blick auf Europa scheiterte das Konzept Wilsons allerdings bereits im Kern an der Nichtratifikation des Versailler Friedensvertrags durch den amerikanischen Senat. Da die USA dem Völkerbund nicht beitraten, fehlte dem multilateralen System und damit auch einer neuen europäischen Ordnung ein wichtiger sicherheitspolitischer Garant. Die USA lehnten auch eine zusätzliche Sicherheitsgarantie für Frankreich, das neue deutsche Aggressionen befürchtete, ab. Mit Deutschland schlossen die USA einen Separatfrieden. Da auch eine ins Auge gefasste britisch-französische (Sicherheits-)Allianz nicht zustande kam, waren die unmittelbaren Nachkriegsjahre durch eine sicherheitspolitisch labile Konstellation geprägt. D.h., das Sicherheitsdilemma aller Nachbarstaaten des Deutschen Reichs, denen bei Kriegsende Territorien mit teilweise deutschsprachiger Bevölkerung zugesprochen worden waren – Frankreich, Polen, Belgien, Dänemark und die Tschechoslowakische Republik – war nicht gelöst. Der Vorstoß Frankreichs, das Sicherheitssystem des Völkerbunds durch einen echten Beistandsautomatismus zu stärken, scheiterte 1924 insbesondere an der Ablehnung Großbritanniens. Dies führte in den Folgejahren zu einem Kurswechsel der französischen Außen- und Sicherheitspolitik, die nunmehr auf eine Verständigung mit dem einstigen Kriegsgegner zielte, wobei auch, wie am Beispiel der Briand-Initiative zu zeigen sein wird, „Europa" neu bzw. politisch erstmals ins Spiel kam. Der Ruhrkampf im Jahr 1923 hatte dabei den Scheitelpunkt der deutsch-französischen Konfrontation gebildet und die Schritte zur Annäherung befördert. Wenn ab Mitte der 1920er Jahre bei der Suche nach sicherheitspolitischen Lösungswegen „Europa" in verstärktem Maße als Ziel und Mittel der Problemlösung auf die Tagesordnung der Politik rückte, so waren hierbei neben der Ernüchterung über die begrenzten Gestaltungskapazitäten des Völkerbunds vor allem auch ökonomische Faktoren ausschlaggebend. Denn paradoxerweise wirkten die Zwänge, die die alliierten Reparationsforderungen dem Deutschen Reich auferlegten als Katalysator einer Politik, die nach europäischen Lösungen der wirtschaftlichen Probleme suchen musste – und zwar auf beiden Seiten. Die deutsche Reichsregierung wusste, dass sie die zu leistenden Reparationszahlungen langfristig nur bei hinreichenden Handels- und Leistungsbilanzüberschüssen würde erbringen können, was wiederum einen offenen, politisch wie immer gestalteten europäischen Markt voraussetzte. Die Alliierten wiederum erkannten den Zusammenhang zwischen wirtschaftlicher Prosperität, deutscher Handelsbilanz und deutscher Transferkapazität.

Der Völkerbund wirkte bei der Suche nach europäischen Lösungen und Ordnungsmodellen, wie die nachstehend behandelte Briand-Initiative zeigt, durch seine Mitgliederstruktur, sein Organgefüge und seine Funktionsprinzipien in zwei Richtungen: einerseits als Verhandlungsarena, andererseits aber auch als Barriere.

Als Handlungsrahmen bot sich der Völkerbund deshalb an, weil ihm – außer der UdSSR, der Türkei, Island und der freien Stadt Danzig – alle (damaligen) 27 europäischen Staaten angehörten. Entsprechend wurden die Versammlungen des Völkerbundes – ab der Tagung in Madrid 1929 – als Rahmen für die Beratungen über eine europäische Bundesordnung genutzt.

Auch seine Organe, die Völkerbundversammlung, der Völkerbundsrat (mit sechs ständigen und zwölf nicht ständigen Mitgliedern) und das für wirtschaftlich-technische Fragen zuständige Generalsekretariat, ließen sich prinzipiell für europäische Anliegen nutzen. Gleiches gilt für bestimmte Verfahrensregeln des Völkerbundes, darunter das Streitschlichtungsverfahren (bei Konflikten zwischen Mitgliedstaaten) durch den Ständigen Internationalen Gerichtshof (StIG).

Als Barrieren einer in diesem Handlungsrahmen wie immer zu gestaltenden Europäischen Union wirkten die folgenden Funktionsprinzipien des Völkerbundes: die Einstimmigkeit der Beschlussfassung, die Unantastbarkeit der nationalstaatlichen Souveränität und die relativ engen Grenzen, die die Völkerbundstatuten einer regionalen Blockbildung innerhalb der Weltorganisation zogen.

Ein weiteres Strukturelement der europäischen Staatenordnung nach dem Ersten Weltkrieg sind völkerrechtliche Vereinbarungen und Verträge. Als bilaterale oder multilaterale Abkommen waren sie letztendlich allesamt auf die sicherheitspolitisch labilen Machtstrukturen in Europa gerichtet und befassten sich mithin mit Fragen der Entmilitarisierung, der (deutschen) Reparationen, der Sicherung des territorialen Status quo sowie mit Nicht-Angriffs- und Beistandsfragen.

Zu nennen sind der im Jahr 1922 zwischen Deutschland und Sowjetrussland geschlossene Rapallo-Vertrag zur Wiederaufnahme wirtschaftlicher und diplomatischer Beziehungen; die Kleine Entente, ein 1920/21 vereinbartes Beistandsabkommen zwischen der Tschechoslowakei, Rumänien und Jugoslawien; die Entente der Baltischen Staaten und vor allem die Locarno-Verträge.

Die Verträge von Locarno (sieben völkerrechtliche Vereinbarungen) wurden im Jahr 1925 verhandelt und traten im September 1926 – mit gleichzeitiger Aufnahme Deutschlands in den Völkerbund – in Kraft. Das Vertragswerk umfasste einen sogenannten Garantiepakt zwischen dem Deutschen Reich, Frankreich und Belgien. Darin erkannte Deutschland die im Versailler Vertrag festgelegte Westgrenze an. Als Garantiemächte (im Kriegsfall mit Beistand auf Seiten des jeweils angegriffenen Landes) wirkten Großbritannien und Italien. Ferner schloss Deutschland Schiedsverträge mit Polen und der Tschechoslowakei, die eine Änderung der deutschen Ostgrenze mit militärischen Mitteln ausschloss, aber nichtmilitärische Wege offenhielt. Polen und die Tschechoslowakei schlossen wiederum mit Frankreich gesonderte Verträge, die einen Beistand Frankreichs im Falle eines Angriffs (Deutschlands) vorsahen. Die politisch-diplomatischen Kompromisse dieses Vertragswerks führten zu unterschiedlichen Wahrnehmungen und Konsequenzen. Auf der Seite Polens beispielsweise zu dem (ergebnislos gebliebenen) Versuch, seine Sicherheitslücke bezüglich der deutschen Ostgrenze durch eine internationale Garantie (vergleichbar der Westgrenze) zu schließen. In Deutschland sahen die demokratischen Kräfte und Außenminister Gustav Stresemann, der im Locarno-Prozess eine maßgebliche Rolle spielte, im Vertragswerk ein Instrument zur Durchbrechung der internationalen Isolation, zur Räumung des besetzten Rheinlandes und zur Fortsetzung einer Revisionspolitik mit friedlichen Mitteln. Die nationalistischen Parteien und die extreme Linke im Deutschen Reichstag lehnten die Locarno-Verträge ab. Erstere vor allem wegen der Anerkennung der Westgrenze, letztere weil sie darin einen Bund Deutschlands mit den „kapitalistischen" Westmächten gegen die Sowjetunion sah.

Unter dem Blickwinkel der europäischen Einigungsbestrebungen in der Zwischenkriegszeit kommt Neumann (1998) zu folgender Einschätzung der Locarno-Verträge:

> „Abgesehen von den klimatischen Veränderungen aufgrund des sogenannten ‚Geistes von Locarno', der trotz aller weiterhin bestehenden nationalen Interessengegensätze zu einer Phase der Entspannungspolitik – insbesondere zwischen Frankreich und Deutschland – führte, ergaben sich auch konkrete Auswirkungen für die europäische Integration, weil die im Sinne der europäischen Verständigung handelnden Politiker auf ein erstmaliges Erfolgserlebnis verweisen konnten und Locarno nur als erster Schritt betrachtet wurde. Bezeichnend dafür sind die Worte von Aristide Briand zum Locarno-Pakt: 'Les États-Unis d'Europe sont nés'" (42f).

Unter diesen politisch-klimatischen Vorzeichen war es – wenn auch erst vier Jahre später – möglich, einen weiteren Schritt zu unternehmen, der zugleich in dieser Geschichtsperiode der europapolitisch ambitionierteste war: die Schaffung einer Europäischen Bundesordnung.

Vorauszuschicken ist, dass es zwei französische Politiker waren, die – geleitet von nationalen ökonomischen und sicherheitspolitischen Interessen, aber auch von europäischen Idealen – die maßgeblichen Impulse gaben: Edouard Hériot (1872-1957) und Aristide Briand (1862-1932). Hériot, der in den Jahren 1924 bis 1926 sowie 1932 französischer Ministerpräsident war, war der erste im Amt befindliche führende Staatsmann, der (in einer Rede an der Sorbonne am 24.10.1924) von den „Vereinigten Staaten von Europa" sprach. In seinem 1930 veröffentlichten Buch „Europe" (deutsche Ausgabe: Vereinigte Staaten von Europa, Leipzig, 1930) legte er seine Europakonzeption dar. Dieses „europäische Bündnis" sollte im Rahmen des Völkerbundes verankert und verwirklicht werden und allen europäischen Nationen offenstehen, die ihm beizutreten wünschen. Es sollte dem Grundsatz absoluter Gleichheit der Staaten folgen und sollte so angelegt sein, dass auch Nationen mit gleichzeitig weltumspannenden und europäischen Interessen, wie Großbritannien, beteiligt sein können. Und es sollte schließlich in ein Schiedsgerichts-, Abrüstungs- und Sicherheitsregime eingebettet sein. Hervorzuheben ist eine Denkfigur Hériots, die auch bei Huberman von zentraler Bedeutung ist, wonach sich der Europäische Zusammenschluss aus den „wirtschaftlichen Entwicklungsgesetzen selbst, aus der industriellen Konzentration, aus der Notwendigkeit den europäischen Markt zu verteidigen" (Hériot 1930: 301f), ergebe. Es war schließlich Aristide Briand, französischer Außenminister (und auch kurzzeitiger Ministerpräsident), der anlässlich der zehnten Vollversammlung des Völkerbundes am 5. September 1929 in Madrid mit seiner Initiative zur Europäischen Einigung dieses Thema auf die Tagesordnung der internationalen Politik brachte und es zu einem förmlichen Beratungsgegenstand aller 27 europäischen Mitgliedsstaaten des Völkerbunds machte. Trotz teils zurückhaltender Reaktionen in diplomatischen Kreisen und nationalen Medienöffentlichkeiten (eine detaillierte Analyse bietet Neumann 1998: 67ff) wurde Frankreich mit der Ausarbeitung eines Memorandums über die Organisation einer europäischen Bundesordnung beauftragt. Dieses dann 1930 vorliegende Memorandum trug nicht den Charakter eines völkerrechtlichen Vertragsentwurfs, sondern eines gestaltungsoffenen politischen Plans, der Ziele und Eckpunkte formulierte, die die weiteren Regierungsverhandlungen über eine europäische Staatenverbindung leiten sollten. Eingangs des Memorandums wird die Notwendigkeit der europäischen Einigung begründet.

Für die Beschäftigung mit Huberman ist die darin enthaltene Lagebeschreibung in zweierlei Hinsicht aufschlussreich: Sie zeigt, wie die Probleme auf staatlich-politischer Ebene wahrgenommen wurden und sie beschreibt Herausforderungen, die Huberman bereits 1925 mit teils identischen, teils unterschiedlichen Akzenten thematisiert hat und denen er sich – etwa dem Thema „Grenzen" – in seiner 1932 publizierten Schrift *Vaterland Europa* in vertiefter Weise widmet. Das Memorandum bekräftigt, ja beschwört

> „eine Gesamtverantwortlichkeit angesichts der Gefahr, die infolge der im allgemeinen Wirtschaftsleben Europas noch herrschenden Unausgeglichenheit den europäischen Frieden in politischer, wirtschaftlicher und sozialer Hinsicht bedroht. Die Notwendigkeit, ein ständiges System vertraglich festgelegter Solidarität für die rationelle Gestaltung Europas zu schaffen, ergibt sich schon allein aus den Bedingungen für die Sicherheit und das Wohl der Völker, die durch ihre geografische Lage berufen sind, in diesem Erdteil in tatsächlicher Solidarität miteinander stehen. Niemand zweifelt heutzutage daran, dass der Mangel an Zusammenhalt in der Gruppierung der materiellen und moralischen Kräfte Europas praktisch das ernsteste Hindernis für die Fortentwicklung und die Wirksamkeit aller politischen und rechtlichen Institutionen darstellt, auf die man die ersten Anfänge einer weltumspannenden Organisation des Friedens zu gründen sucht. Diese Zersplitterung der Kräfte beschränkt in Europa nicht minder bedenklich die Möglichkeiten für eine Erweiterung des Wirtschaftslebens, die Intensivierungs- und Verbesserungsversuche auf dem Gebiet der industriellen Produktion und dadurch alle Garantien gegen die Krisen auf dem Arbeitsmarkt, welche Quellen politischer wie sozialer Schwankungen sind. Die Gefahr einer solchen Zerstückelung wird noch vermehrt durch die große Ausdehnung der neuen Grenzen (mehr als 20 000 km Zollschranken), die durch die Friedensverträge geschaffen werden mussten, damit den nationalen Bestrebungen in Europa Genüge getan wurde" (Auswärtiges Amt 1953: 32f).

Das Memorandum umfasst Ausführungen zu politisch-institutionellen Organisationsfragen und zu Fragen einer kollektiven europäischen Sicherheitsordnung ebenso wie zu Zielen und Instrumenten einer ökonomischen Integration. Damit war zugleich ein Grundproblem vorgezeichnet, nämlich die Frage des Vorrangs politischer oder ökonomischer Integrationsschritte. Während sich Frankreich zu Gunsten ersterer klar positionierte, blieb diese Frage in den politischen Debatten strittig (auch wissenschaftliche Interpretationen kommen zu unterschiedlichen Einschätzungen). Jedenfalls schlug das Memorandum vor, dass zunächst ein Grundsatzvertrag zwischen den Mitgliedstaaten des europäischen Bundes geschlossen werden sollte, in dem auch die Grundzüge der wirtschaftlichen Zusammenarbeit normiert werden sollten, die dann weiterverhandelt und mittels technischer Ausschüsse ausgearbeitet werden sollten. Als (potentielle) Regelungsbereiche führt das Memorandum auf: Wirtschaftspolitik, Infrastruktur, Verkehr, Finanzen, Arbeit, Gesundheit, Bildung, Kultur, Medien, interparlamentarische Beziehungen und Verwaltung.

Die vorgesehene Entscheidungsstruktur lehnte sich mit drei Organen – Europäische Konferenz, Europäischer Ausschuss und Sekretariat – eng an die Organisationsprinzipien des Völkerbunds an. Auch wenn sich im Memorandum keine Hinweise auf Mehrheitserfordernisse bei Abstimmungen in der Europäischen Konferenz und im Europäischen Ausschuss finden, legt der hohe Stellenwert, der dem Grundprinzip der nationalstaatlichen Souveränität zugewiesen wird, nahe, dass von einem Einstimmigkeitsprinzip bei allen wesentlichen Sachfragen ausgegangen wurde (Neumann 1998: 127). Für die europäischen Staaten, die nicht Mitglied des Völkerbunds waren, war die beratende Mitwirkung im Europäischen Ausschuss vorgesehen.

Die Europäische Union des Briand-Planes kennt also – im Gegensatz zur Integrationsentwicklung nach dem Zweiten Weltkrieg – keine supranationale Organisationsform:

„Es gibt keine Kompetenz zur Beschlussfassung durch eine Mehrheit der Mitglieder, keine Kompetenz durch bestimmte Rechtsakte in den Mitgliedstaaten unmittelbar geltendes Recht zu schaffen, kein Organ, welches nicht aus weisungsgebundenen Regierungsvertretern zusammengesetzt ist, keine Durchgriffswirkung auf die innerstaatlichen Rechtssubjekte und keine obligatorische Zuständigkeit eines Gerichtshofes" (Neuman 1998: 144).

Freilich sieht das Memorandum neben der Wahrung der nationalstaatlichen Souveränität auch die Verpflichtung zur „kollektiven Solidarität" und zur Schaffung eines gemeinsamen Marktes vor, so dass – bei einem erfolgreichen Fortgang des Projekts – mit Dynamiken zu rechnen gewesen wäre, die (vermutlich) über diese rein zwischenstaatliche, intergouvernementale Entscheidungslogik und über die politisch-rechtliche Ein- und Unterordnung in die Mechanik des Völkerbundes hinausgeführt hätte. Dass es dazu – trotz der bis ins Jahr 1937 fortgeführten Beratungen und Verhandlungen in einer eigens eingerichteten Studienkommission – nicht kommen sollte, war bereits in den Antwortnoten der Regierungen auf das Memorandum angelegt. Die komplexe Gemengelage der politischen und sicherheitspolitischen Interessengegensätze zwischen den Nationalstaaten in Europa, die durch die Folgewirkungen der Weltwirtschaftskrise des Jahres 1929 auch im ökonomischen Bereich verstärkt wurden, kann hier nur knapp und auf ausgewählte Länder begrenzt umrissen werden. Für das Deutsche Reich hatte Außenminister Stresemanns zunächst verhalten auf die Briand-Initiative reagiert und wirtschaftlichen Integrationsperspektiven den Vorzug gegenüber politischen Schritten gegeben. Stresemanns Tod im Jahr 1929 markierte nicht nur das Ende eines engen persönlichen Vertrauensverhältnisses zu Briand, sondern auch – bedingt und verstärkt durch die innenpolitischen Entwicklungen in Deutschland (starker Zuwachs der NSDAP in den Reichstagswahlen 1930, neue Reichsregierung unter Brüning) – die zunehmende Abkehr von einer verständigungsorientierten Außen- und Europapolitik.

Eine friedliche Revision der Versailler Verträge, die eine Konstante der Außenpolitik der Weimarer Republik bildete, so lange die „Weimarer Koalition" der demokratischen Parteien die Regierung stellte, wurde von nun an nicht mehr mit den Möglichkeiten einer zukunftsgerichteten europäischen Einigungspolitik verknüpft. Von 1930 an nahm das Deutsche Reich in den Beratungen des Memorandums eine ablehnende Haltung ein. Großbritannien lehnte – im Gegensatz zu Deutschland und Italien (das zu diesem Zeitpunkt bereits von Mussolini regiert wurde) – die inhaltlichen Vorstellungen Briands nicht grundsätzlich ab, wandte sich jedoch entschieden gegen die geplanten Organe:

> „Der dichte strukturelle Rahmen bewirkte in der britischen Sichtweise zwei unüberwindbare Problemfelder. Erstens die Aushöhlung der Bedeutung des Völkerbundes und zweitens die daraus resultierende – die Stellung des britischen Weltreichs gefährdende – Regionalisierung" (Neumann 1989: 174 f).

Die skandinavischen Länder teilten, trotz einer offenen, tendenziell prointegrativen Grundhaltung die britischen Bedenken bezüglich einer möglichen Schwächung des Völkerbundes. Länder wie Ungarn und Rumänien, deren Interessen auf eine Revision des territorialen Status quo der Versailler Ordnung gerichtet waren, positionierten sich ablehnend. Länder mit einer gegenteiligen sicherheitspolitischen Interessenlage, so Jugoslawien, Rumänien und die Tschechoslowakei, unterstützen die französischen Vorstellungen einer europäischen Bundesordnung. Zu den starken Befürwortern zählten Belgien, die Niederlande und Griechenland. Gleichfalls positiv, wenn auch mit einigen nationalen Sonderwünschen, waren die Haltungen der portugiesischen und spanischen Regierung.

Unter diesen Vorzeichen kam der Anlauf zu einer kontinentalen Einigung Europas nie über ein programmatisches Stadium und eine erste Phase politisch-diplomatischer Annäherungen hinaus. Die Idee eines Europas, das mittels einer europäischen Bundesordnung politisch und wirtschaftlich zusammenwächst, konnte sich in einer Epoche, die der Historiker Lutz Raphael mit den Begriffen „imperiale Gewalt und mobilisierte Nation" (Raphael 2012) charakterisiert, nicht durchsetzen.

Mit Blick auf den Gegenstand dieser Studie verdienen zwei Gesichtspunkte hervorgehoben zu werden: Unter allen zwischenstaatlichen politischen Bemühungen um eine europäische Friedensordnung in den 1920er und 1930er Jahren kam die Briand-Initiative den integrationspolitischen Vorstellungen Hubermans und der Paneuropa-Bewegung, dies werden die nachfolgenden Abschnitte zeigen, am nächsten. Das Memorandum

> „markierte zum einen den Eingang einer neuen Ordnungsvorstellung von Europa in die internationale Politik, die ältere wie das europäische Konzert ablöste, die zum Teil ebenfalls kooperativ gedacht, aber auf die Einbeziehung aller Staaten oder auch feste organisatorische Strukturen verzichtet hatten. Zum anderen bedeutete Briands Schritt auch eine Annäherung zwischen der langen publizistischen Europadiskussion, wie sie von nichtstaatlichen Organisationen geführt wurde, und dem Regierungshandeln" (Kießling 2008: 4).

Freilich bleibt festzuhalten: So sehr die Briand-Initiative in ihrem politisch-geografisch *paneuropäischen* Ansatz den Vorstellungen Hubermans entsprach, so weit blieb sie in ihrer rein zwischenstaatlichen politischen Organisationsform von seinem Zielmodell eines föderalen *Vaterlands Europa* entfernt. Gleiches gilt, teils in noch stärkerem Maße, für die ökonomischen Einigungsbestrebungen in den 1920er und 1930er Jahren. Kontrastiert man hier die Resultate der realen Politik mit dem Denkansatz Hubermans, der, wie zu zeigen sein wird, die Ökonomie und den Nutzen wirtschaftlicher Integration zum Dreh- und Angelpunkt seiner Europakonzeption macht, so erreichten

„nur wenige wirtschaftliche Integrationsinitiativen auf Regierungsebene (…) das Stadium konkreter Verhandlungen. Selbst dann waren sie regional begrenzt, hatten keinen oder nur einen verschwindend geringen institutionellen Rahmen und enthielten keine quantitativ sowie qualitativ weitgehenden materiell-rechtlichen Integrationsregelungen. Auf gesamteuropäischer Ebene scheiterten sämtliche Wirtschaftskonferenzen, auf denen auch nur Ansätze von wirtschaftlichen Integrationsmaßnahmen durchgesetzt werden sollten. Von einer Wirtschaftsunion mit dem Kernbereich einer Zollunion war man weit entfernt" (Neumann 1998: 44).

Europapläne und Integrationsinitiativen gesellschaftlicher Organisationen

Europäische Einigungspläne als Mittel der Friedenswahrung haben eine lange Tradition. Insbesondere im Gefolge der Religionskriege des 16. Jahrhunderts spielten europäische Friedenskonzepte eine Rolle. Auch in den darauf folgenden Jahrhunderten wurden europäische Einigungsideen von höfischen Ratgebern, Philosophen und Schriftstellern entwickelt und propagiert (Rat der EU 2009; Böttcher 2014). Aus der bedeutenden Ahnengalerie seien stellvertretend für die drei Personengruppen genannt: der Abbé de Saint Pierre, der 1712 als höfischer Ratgeber ein Konzept entwickelte, das erstmals den Begriff einer „Union Européenne" einführte (Walther 2012); Immanuel Kant, der in seiner 1795 erschienen Schrift „Zum Ewigen Frieden" eine internationale Friedensordnung reflektierte und dabei mit den Begriffen „freier Föderalismus" und „Völkerstaat" auf künftige föderale und demokratische Staatenordnungen voranwies; und der Schriftsteller Victor Hugo, der sich Mitte des 19. Jahrhunderts bei verschiedenen Anlässen für die Schaffung der „Vereinigten Staaten von Europa" einsetzte.

Diese Europa-Konzepte und Manifestationen einzelner Denker oder Dichter erreichten über die Jahrhunderte hinweg nur kleine Kreise von Gebildeten und blieben ohne Einfluss auf das Mächtekonzert und die Staatenpolitik in Europa. Erst in den Jahren nach dem Ersten Weltkrieg formierte sich eine Europa-Bewegung, deren europäische Einigungsideen in den öffentlichen und politischen Raum ausstrahlten. Diese Europäische Einigungsbewegung bestand aus unterschiedlichen gesellschaftlichen Netzwerken, Komitees und Initiativen, die sich auf den Feldern der Politik, der Wirtschaft und der Kultur der europäischen Idee verschrieben hatten und die vielfach auch über nationale Grenzen hinweg zusammenarbeiteten. Hinzu kamen proeuropäische Aktivitäten parlamentarischer Zirkel (aus dem liberalen, christlichen und sozialdemokratischen bzw. sozialistischen Spektrum) sowie der Gewerkschaften. Eine programmatische integrationspolitische Vorreiterrolle unter den Parteien Europas nahm die SPD ein, die in ihrem in Heidelberg 1925 beschlossenen Grundsatzprogramm „für die aus wirtschaftlichen Ursachen zwingend gewordene Schaffung der europäischen Wirtschaftseinheit, für die Bildung der Vereinigten Staaten von Europa (eintritt), um damit zur Interessensolidarität der Völker aller Kontinente zu gelangen" (dokumentiert in: Miller und Potthoff 1988: 345).

Die verschiedenen politischen, wirtschaftlichen und kulturellen Kreise warben mit ihren je spezifischen Interessen und in den für sie typischen Formen für eine europäische Verständigung und Einigung. Teils zogen die Initiativen an einem Strang, teils standen sie in Konkurrenz zueinander. Entsprechend groß war die Bandbreite der Einigungsvorstellungen, die in den 1920er und 1930er Jahren verfochten wurden. Sie reichten von eher reaktionären oder hegemonialen Mitteleuropakonzepten deutscher Prägung (Conze 2005), über wirtschaftsliberale Modelle eines einheitlichen europäischen Marktes bis hin zu föderalistischen Vorstellungen eines gesamteuropäischen Bundesstaats. Zu den Komitees und Netzwerken zählten u.a. das deutsche Komitee für europäische Verständigung und sein französisches Pendant sowie schließlich deren gemeinsames Koordinationsbüro, die Fédération des Comités pour la Coopération Européenne; die Mitteleuropäische Wirtschaftstagung und der Europäische Zollverein; der Europäische Kulturbund; das Deutsch-Französische Studienkomitee und die Paneuropa-Union.[7] Die vielgestaltigen Organisationswelten und Programmatiken dieser Netzwerke, die sich im Spannungsfeld konkurrierender kultureller Ideen, wirtschaftlicher Interessen und staatlicher Politiken entfalteten, können hier nur skizziert und an ausgewählten Beispielen beleuchtet werden. Die von Richard Graf Coudenhove-Kalergi initiierte Paneuropa-Union, in der Bronislaw Huberman aktiv war, wird etwas ausführlicher behandelt.

Das Komitee für europäische Verständigung, das sich Anfang 1926 konstituierte, steht für eine Initiative, die von Parlamentariern ausging. Das Netzwerk wurde von linksliberalen und sozialdemokratischen Parlamentariern sowie von Zentrumspolitikern gegründet und getragen, die bereits in der Interparlamentarischen Union (IPU)[8] zusammenarbeiteten. Mit Walther Schücking hatte ein renommierter Völkerbundbefürworter die Präsidentschaft inne. Das Komitee für europäische Verständigung betrachtete den Völkerbund als zentralen politischen Rahmen der europäischen Verständigung und sah die Einbeziehung Großbritanniens in die europäischen Einigungsbestrebungen als unverzichtbar an. In beiden Punkten folgte die Europakonzeption des Grafen Coudenhove-Kalergi anderen Vorstellungen. Zu diesen programmatischen Divergenzen kamen politi-

---

[7] Siehe dazu die Studien von Frommelt 1977, Burgard 2000, Müller 2005 sowie Schulz 2011.
[8] Die 1889 gegründete IPU ist eine internationale Vereinigung von Parlamenten. Die Zusammenarbeit diente dem Ziel der Sicherung des Friedens, der Förderung des Demokratieverständnisses in allen Teilen der Welt und der Wahrung der Menschenrechte.

sche Rivalitäten und persönliche Animositäten zwischen den Führungspersönlichkeiten beider Organisationen hinzu, so dass Versuche einer Zusammenführung der beiden Bewegungen, trotz Bemühungen des Auswärtigen Amtes, scheiterten. Das Komitee konnte jedoch in Frankreich die Gründung einer gleichgerichteten Organisation auf den Weg bringen, die die Unterstützung eines breiten Parteienspektrums fand. Forderungen der französischen Partner, gleichzeitige Gründungsaufrufe auch in Großbritannien und Polen zu starten, waren nur in Polen erfolgreich. Im September 1926 folgte in Genf im Umfeld einer IPU-Tagung die Konstituierung des Verbandes für europäische Verständigung, dessen Gründungsmanifest Unterstützer aus 22 europäischen Ländern fand und durch Grußtelegramme der Außenminister Briand und Stresemann sowie des deutschen Reichskanzlers Wilhelm Marx einen offiziellen Anstrich erhielt. Als transnationale Organisationsstruktur konnte sich der europäische Dachverband jedoch nicht entwickeln. Organisationsquerelen und der Eindruck einer stark von deutscher Seite dominierten Initiative führten bereits 1927 zu einer neuen, nunmehr von der französischen Gruppe getragenen überstaatlichen Organisationsstruktur, der Fédération Internationale des Comités de Coopération Européenne (Schulz 2011). Die inhaltliche Arbeit dieser Föderation konnte sich so weit entwickeln, dass auf einem Kongress im Mai 1929 in Madrid Pläne einer europäischen Wirtschafts- und Zollunion vorgestellt werden konnten. Das deutsche Komitee für europäische Verständigung erhielt bis 1929 finanzielle Zuwendungen des Auswärtigen Amtes. Die Einstellung dieser Finanzierung führte zur Umwandlung des Verbands in einen Ausschuss der Deutschen Liga für den Völkerbund und markierte das Ende dieses Teils der europäischen Bewegung in Deutschland.

Im Bereich der Unternehmen und Wirtschaftsverbände bildete die 1920 gegründete Internationale Handelskammer mit Sitz in Paris den Nukleus für Initiativen und Netzwerke, die sich ab Mitte der 1920er Jahre den Themen europäische Zollunion und Wirtschaftsintegration widmeten. Zu den Vordenkern einer Zollunion zählte u.a. der spätere Reichsfinanzminister Walther Rathenau (der 1922 von Rechtsradikalen ermordet wurde) und der ungarische Rechtsprofessor und ehemalige habsburgische Finanzstaatssekretär Elemér Hantos, der auch Mitbegründer der Mitteleuropäischen Wirtschaftstagung war, deren Ziel es war, die schwierige Lage der ostmitteleuropäischen Volkswirtschaften in der neuen europäischen Staatenwelt zu verbessern. Von Mitte der 1920er Jahre an wurde das Projekt einer europäischen Zollunion in eigens dafür geschaffenen Zeitschriften publizistisch beworben und von Organisationen wie der 1925 gegründeten Union Douanière Européenne (UDE) vorangetrieben, die Ende der 1930er Jahre ein Netzwerk aus achtzehn nationalen Komitees umfasste. Unter diesen war das französische Komitee das größte und aktivste. Trotz intensiver Lobbyarbeit gelang es dem Netzwerk und seinen nationalen Komitees nicht, den in verschiedenen Ländern in unterschiedlicher Ausprägung vorhandenen Protektionismus zu überwinden. Nach dem Scheitern des Briand-Plans 1930

> „suchte die UDE vergeblich nach anderen Wegen zu einer europäischen Verständigung im Bereich der Wirtschaft. Am 4. September 1934 meldete sich die UDE noch einmal mit einem Appell an die europäischen Regierungen zu einem 'Zoll-Locarno' (...). Ihr Aufruf verlief im Sande. Dennoch setzte sie ihre Publikationstätigkeit bis 1939 fort und lebte nach dem Zweiten Weltkrieg wieder auf" (Schulz 2011: 20).

Zu nennen ist schließlich der erste Versuch einer sektoralen Integration, die in den 1920er Jahren im Rahmen der Internationalen Rohstahlgemeinschaft unternommen wurde (Schröder 2014). Dieses Stahlkartell sollte durch wirtschaftliche Verflechtung nicht zuletzt den Sicherheitsinteressen Frankreichs dienen und die deutsch-französische Aussöhnung befördern.

Die Internationale Rohstahlgemeinschaft scheiterte an internen Interessengegensätzen und den Folgen der Weltwirtschaftskrise, nimmt aber Bauelemente vorweg, die sich in der 1952 geschaffenen Montanunion als tragfähig und sehr erfolgreich erwiesen.

In der gewerkschaftlich organisierten Arbeiterbewegung waren Vorstellungen von „Europa" als einem einheitlichen politischen Raum der „Zivilisation" und als „Synonym für Moderne und Fortschritt" schon vor dem Ersten Weltkrieg präsent (Buschak 2014). Durch die Weltkriegserfahrungen und die sozial-ökonomischen Probleme der Nachkriegszeit rückte das Thema der Europäischen Einigung – insbesondere auf wirtschaftlichem Gebiet – verstärkt auf die gewerkschaftliche Tagesordnung. Allerdings stand für die freien (sozialdemokratischen) und christlichen Gewerkschaften in den europäischen Ländern wie für deren Internationale Dachverbände zunächst der Völkerbund im Vordergrund, wenn es um die Stärkung des supranationalen Prinzips bei der Friedenssicherung und der Schaffung einer gerechten internationalen Ordnung ging. Einen wichtigen publizistischen Beitrag, der über die gewerkschaftliche Europadebatte hinausstrahlte, leistete der exilrussische Ökonom und Gewerkschaftsintellektuelle Wladimir Woytinsky, mit seinem 1926 erschienenen Buch „Die Vereinigten Staaten von Europa" (Woytinsky 1926). Nach seiner Auffassung war die Arbeiterklasse der berufene Träger der europäischen Einigungspolitik. Der erste Schritt sollte zunächst in der Errichtung einer Europäischen Zollunion bestehen, die auch Russland und das Vereinigte Königreich sowie die europäischen Kolonialgebiete umfassen sollte. Die Marktöffnung werde für die Arbeiterschaft zwar auch kurzfristige Anpassungslasten mit sich bringen, jedoch werde der mittelfristige Nutzen überwiegen und die Verflechtung der wirtschaftlichen Interessen werde die politische Integration befördern. Einen Gegensatz zum Völkerbund sah Woytinski nicht, da eine europäische Einigung und der Völkerbund das gleiche Ziel der Friedenssicherung verfolgten, der Völkerbund vorrangig im Bereich der Politik, die zu schaffenden Vereinigten Staaten von Europa hauptsächlich im Bereich der Ökonomie. Vorstellungen einer wirtschaftlich sowie sozial- und arbeitspolitisch vorangetriebenen Einigung wurden in verschiedenen kontinentaleuropäischen Ländern von Gewerkschaftsintellektuellen und Gewerkschaftsführungen entwickelt und verfochten. So etwa in Frankreich von Francis Delailsi, der zudem von 1927 bis 1932 das französische Sekretariat der Paneuropa-Union leitete (Ziegerhofer-Prettenthaler 2004: 138f).[9]

Alles in allem kann für das gewerkschaftliche Europa-Engagement in der Zwischenkriegszeit festgehalten werden, dass zahlreiche Protagonisten der Gewerkschaftsbewegung die Europadebatte mit bemerkenswerten zukunftsweisenden Beiträgen bereichert haben. Inwieweit die Gewerkschaften dadurch und durch ihre zahlreichen tagespolitischen Stellungnahmen für ein „Mehr" an innereuropäischer Zusammenarbeit „an der Entwicklung eines europäischen Bewusstseins, eines kollektiven Gefühls wenigstens der europäischen Arbeitnehmer (…) beteiligt waren, ist schwer abzuschätzen" (Fattmann 2018: 89). Auf der Ebene der Politik unterstützten die freien und in abgeschwächter Form auch die christlichen Gewerkschaften, besonders in Frankreich und Deutschland, die Verständigungspolitik ihrer Regierungen. Hingegen fand die weitergehende Initiative des französischen Außenministers für ein vereintes Europa nur ein bescheidenes Echo. Gewerkschaftsprogrammatisch formulierte Einigungsziele, wie die Schaffung einer Zollunion, blieben ohne koordinierte Aktionen der nationalen Gewerkschaften zu deren Durchsetzung.

---

[9] Zum Verhältnis der Gewerkschaften zur Paneuropa-Union und ihrem Vorsitzenden Graf Coudenhove-Kalergi bleibt anzumerken, dass es „trotz einiger eher unprofessioneller Annäherungsversuche seitens des ob seines aristokratisch-elitären Politikansatzes von prominenten linken Intellektuellen wie Carl von Ossietzky ohnehin kritisierten Grafen nicht (gelang), die Gewerkschaften als Ganzes zum Beitritt in seine Organisation zu bewegen" (Fattmann 2018: 78).

Graf Coudenhove-Kalergi und die Paneuropa-Union[10]

Richard Nikolaus Graf Coudenhove-Kalergi wurde 1894 als Sohn eines österreichischen Diplomaten und einer japanischen Mutter in Tokio geboren. Er wuchs auf dem Familiengut in Böhmen auf und studierte in München und Wien, wo er 1917 seine Studien mit der Promotion in Philosophie abschloss. Laut seinen eigenen Lebenserinnerungen (Coudenhove-Kalergi 1966) kam ihm die Idee eines vereinten Paneuropa, das sich an das Konzept des Panamerikanismus[11] anlehnte, 1919, dem Jahr, in dem Europa mit dem Versailler Friedensvertrages und der Gründung des Völkerbundes neu geordnet werden sollte.

1922 veröffentlichte Coudenhove-Kalergi seine Ideen in einem (u.a. in der Vossischen Zeitung erschienenen) Artikel, der als Gründungsdokument der Paneuropa-Union gelten kann. Seine Ausgestaltung fand dieses Konzept ein Jahr später in dem Buch „Paneuropa" (Coudenhove-Kalergi 1923), das im Laufe weniger Jahre in zahlreiche europäische Sprachen

---

[10] Die Primärliteratur zur Idee von Pan-Europa durch ihren geistigen Vater Coudenhove-Kalergi ist relativ umfangreich, da er zeitlebens zu diesem Thema publiziert hat. Eine Dokumentation findet sich in: Coudenhove-Kalergi-Stiftung (Hrsg.) (2006): *Richard Coudenhove-Kalergi: Ausgewählte Schriften zu Europa*. Auch die Sekundärliteratur weist mittlerweile eine Reihe einschlägiger geschichtswissenschaftlicher Arbeiten auf. Hervorzuheben sind die umfangreiche Studie (eine Habilitationsschrift) von Anita Ziegerhofer-Prettenthaler (2004): *Botschafter Europas. Richard Nikolaus Graf Coudenhove-Kalergi und die Paneuropa-Bewegung in den zwanziger und dreißiger Jahren*; ferner das Buch von Vanessa Conze (2004): *Richard Coudenhove-Kalergi. Umstrittener Visionär Europas* und schließlich die Studie von Verena Schöberl (2008): *„Es gibt ein großes und herrliches Land, das sich selbst nicht kennt... Es heißt Europa". Die Diskussion um die Paneuropaidee in Deutschland, Frankreich und Großbritannien 1922–1933*.

[11] Vermutlich diente das 1915 erschienene Werk „Europäische Wiederherstellung" des österreichischen Pazifisten Alfred Fried und dessen intensive Auseinandersetzung mit dem Panamerikanismus als Vorbild.

übersetzt wurde und hohe Auflagen erreichte. Eine gleichnamige Zeitschrift, die ab 1924 monatlich erschien, wurde zum publizistischen Forum der Paneuropa-Bewegung.

Ausgangspunkt der Paneuropakonzeption Coudenhove-Kalergis ist der Befund eines durch den Ersten Weltkrieg beschleunigten Niedergangs Europas und eines Endes der europäischen Hegemonie. Politische Zersplitterung und ungelöste Konflikte innerhalb der europäischen Staatenwelt sowie gegenseitiges Misstrauen und andauernder Hass unter den europäischen Völkern sind für ihn potentielle Quellen eines künftigen Vernichtungskriegs, in dem es keinen europäischen Sieger mehr geben würde. Die ökonomische und politische Verfassung, in der sich Europa befand, bewertete er vor dem Hintergrund stetiger globaler Fortschritte in den Bereichen Verkehr und Kommunikation als Anachronismus. Dabei verstärke der Aufstieg von außereuropäischen Großreichen unter machtpolitischen Gesichtspunkten diesen anachronistischen Zustand Europas. Zu den Großreichen in der (entstehenden) neuen Weltordnung zählte er Amerika, Russland mit Kleinasien, das britische „Südreich" und die „mongolischen" Großreiche China und Japan. Europäische Traditionen, Werte und Interessen sah er von zwei Seiten bedroht: durch den sowjetischen Bolschewismus und den ungezügelten Kapitalismus der USA. Das zu vereinigende Europa bestand für ihn aus den Ländern des europäischen Festlandes, also ohne Großbritannien, Russland und die Türkei. Großbritannien schloss er in durchaus realistischer Einschätzung der britischen Rolle und Selbstdefinition als Führungsmacht eines Empire bzw. Commonwealth aus. Auch im Falle Russlands hätten geopolitische Bedingungen Ausschlussgründe sein können; jedoch waren es rein ideologische Motive, da Coudenhove-Kalergi zeitlebens ein „fanatischer Antibolschewist" war (Ziegerhofer-Prettenthaler 2004: 503). Im Völkerbund, dessen Existenz er begrüßte, sah er aufgrund der universalen Ausrichtung, der fehlenden Mitgliedschaft wichtiger Akteure, wie den USA, Russland und (zunächst)

Deutschland sowie der schwachen Autorität in aktuellen Konflikten (Polen – Litauen; Italien – Griechenland) keinen geeigneten Rahmen für die Verwirklichung seiner europäischen Einigungsziele. Vielmehr sollte zwischen den Völkerbund und die Einzelstaaten eine Struktur kontinentaler bzw. regionaler Zusammenschlüsse treten.

Coudenhove-Kalergis mehrstufiges Einigungskonzept sieht in einem ersten Schritt die Annäherung zwischen Frankreich und Deutschland, die Einberufung einer paneuropäischen Regierungskonferenz und die Schaffung eines ständigen Sekretariats vor. Gegenstände der paneuropäischen Regierungsverhandlungen sollten u.a. sein: die Bereiche Abrüstung, Garantien, Schulden, Minoritäten, Zölle, Verkehr, Währung und Kultur. In einem zweiten Schritt sollten durch innereuropäische Schiedsverträge und Grenzgarantien (auf der Basis des Versailler Vertragswerks) sowie durch Abkommen mit anderen Mächten die Grundlagen für eine dauerhafte Friedensordnung gelegt werden. In einem dritten Schritt sollte durch den Abbau der Zollschranken, den Ausbau der Verkehrswege und die Einführung einer gemeinsamen Währung die wirtschaftliche Integration Europas geschaffen werden. Perspektivisch sollte schließlich diese zunächst staatenbündische Struktur Paneuropas in einem verfassungsgebenden Akt nach dem historischen Beispiel der Gründung der USA in einen europäischen Bundesstaat überführt werden. Ein von Coudenhove-Kalergi 1930 vorgelegter „Entwurf für einen Paneuropäischen Pakt" sah die Schaffung exekutiver, legislativer und judikativer Bundesorgane vor.[12]

---

[12] Dieser Entwurf enthält Grundzüge einer Verfassung, die zwischen dem Modell einer Konföderation und Föderation oszilliert: Einerseits soll der Bund den Namen „Europäischer Staatenbund" tragen, was in die Richtung einer Konföderation weist, andererseits sind die Bundesorgane – etwa durch Mehrheitsentscheidungen – im Wesentlichen föderal ausgestaltet. Nach dem Zweiten Weltkrieg, im Jahr 1951, legte Coudenhove-Kalergi erneut einen „Entwurf einer europäischen Bundesverfassung" vor und zwar für eine Föderation, die den Namen „Vereinigte Staaten von Europa" tragen sollte (siehe Coudenhove-Kalergi-Stiftung 2006: 419 ff).

Organisatorisch konnte die Paneuropa-Bewegung im Jahr 1925 mit Unterstützung der österreichischen Bundesregierung eine zentrale Geschäftsstelle in der Wiener Hofburg einrichten. Ein erster Paneuropa-Kongress mit rund 2000 Teilnehmern aus 24 Nationen – Bronislaw Huberman war einer der Hauptredner – fand im Oktober 1926 in Wien statt. Coudenhove-Kalergi wurde zum Präsidenten der Paneuropa-Union gewählt – ein Amt, das er bis zu seinem Tode im Jahr 1972 innehatte. Es gelang ihm, für das Ehrenpräsidium prominente Politiker zu gewinnen, wie den Außenminister der Tschechoslowakischen Republik, Edvard Beneš, den späteren französischen Finanzminister Joseph Caillaux, den deutschen Reichstagspräsidenten Paul Löbe, den ehemaligen Ministerpräsidenten Italiens Francesco Nitti, den ehemaligen griechischen Außenminister Nicolaos Politis und den österreichischen Bundeskanzler Ignaz Seipel. In den Folgejahren wurde mit der Gründung von Landesbüros ein europäisches Organisationsnetzwerk aufgebaut. Dem Komitee in Deutschland, das von Paul Löbe geleitet wurde, schlossen sich namhafte Persönlichkeiten an, darunter Konrad Adenauer, Albert Einstein und Thomas Mann. Die finanzielle Unterstützung durch europäisch interessierte Unternehmer wurde in der deutschen Paneuropa-Fördergesellschaft unter Vorsitz des Elektroindustriellen Robert Bosch institutionalisiert (zum Verhältnis der deutschen Wirtschaft zur europäischen Einigungsbewegung siehe Frommelt 1977). Auch in Frankreich bekam das Paneuropa-Komitee nicht zuletzt dadurch ein besonderes Gewicht, dass die Ehrenpräsidentschaft ab 1927 von Aristide Briand, der als französischer Ministerpräsident wie als Außenminister wirkte, übernommen wurde und der im Jahr zuvor für den Abschluss der Locarno-Verträge zusammen mit dem deutschen Außenminister Gustav Stresemann den Friedensnobelpreis erhalten hatte. Auch Edouard Hériot wurde Mitglied des Präsidiums.

In vergleichsweise kurzer Zeit konnte die Paneuropa-Union Büros und Landesgruppen in folgenden Ländern etablieren: Belgien, Bulgarien, Estland, Niederlande, Jugoslawien, Lettland, Luxemburg, Österreich, Polen,

Rumänien, Schweiz, Spanien, Tschechoslowakei, Ungarn und USA. In Großbritannien wurde erst 1939 ein Komitee eröffnet, da in Coudenhove-Kalergis ursprünglicher Konzeption von Paneuropa das Vereinigte Königreich nicht einbezogen war. Dem Gründungskongress folgte im Mai 1930 der zweite Paneuropa-Kongress in Berlin und 1932 ein dritter in Basel. Als sich die Paneuropa-Union zum vierten Mal im März 1935 erneut in Wien traf, hatten sich die politischen Rahmenbedingungen bereits weitreichend geändert. Wenige Monate nach der nationalsozialistischen Machtergreifung 1933 waren in Deutschland im Zuge der Bücherverbrennung auch Bücher Coudenhove-Kalergis verbrannt und das Organisationskomitee aufgelöst worden. Mit dem Anschluss Österreichs 1938 wurde das Wiener Sekretariat der Paneuropa-Union aufgelöst und Coudenhove-Kalergi musste ins Exil gehen, zuerst nach Frankreich, dann in die USA, wo er die gesamte Zeit des Zweiten Weltkriegs verbrachte und als Geschichtsprofessor lehrte.[13]

Coudenhove-Kalergi gilt sowohl mit Blick auf sein publizistisches Werk wie seine politische Wirkung als „umstrittener Visionär" (Conze 2004). In seiner historisch-politischen und philosophischen Gedankenwelt sind einerseits – zumal im Auge eines heutigen Betrachters – teils vereinfachende Geschichtsbilder, teils krude und demokratiepolitisch problematische Vorstellungen anzutreffen. Dies gilt vor allem für seine frühen phi-

---

[13] Die Geschichte der Paneuropa-Union, die bis heute existiert, weiter zu verfolgen, würde den Rahmen dieser Abhandlung sprengen. Kurz anzumerken ist: Coudenhove-Kalergi erhielt 1950 für seine Leistungen auf dem Gebiet der europäischen Einigung den erstmals von der Stadt Aachen vergebenen Internationalen Karlspreis. Nach seinem Tod im Jahr 1972 wurde Otto von Habsburg, der als CSU-Abgeordneter auch Mitglied des Europaparlaments war, Vorsitzender des Verbandes. Insgesamt war die Politik der Paneuropa-Union nach dem Zweiten Weltkrieg durch eine christlich-konservative Programmatik und durch Europavorstellungen geprägt, die das „christliche Abendland" und – zu Zeiten des Ost-West-Konflikts – das „vergessene Mitteleuropa" betonten.

losophischen Schriften (dazu kritisch Frommelt 1977: 11ff). Hier entwickelte er Vorstellungen, in denen sich neo-aristokratische Ideen einer Herrschaft durch eine geistige Elite mit sozialistischen Wirtschafts- und Gesellschaftsidealen mischen und er vertrat Positionen, die sich mit der Gedankenwelt konservativer, antimoderner und rechter Kreise überschnitten. Andererseits griff er in seinen europapolitischen Veröffentlichungen ab 1923 hellsichtig wichtige weltpolitische Entwicklungstendenzen, Friedensgefahren und Herausforderungen seiner Zeit auf und entwickelte zukunftsweisende europapolitische Lösungsvorschläge, für die er Zeit seines Lebens mit großem diplomatischen Geschick und ungebrochenem Enthusiasmus warb.[14] Dabei „entfernte er sich im selben Maße, wie er sich der Paneuropa-Idee verschrieb, von den sozialistischen, pazifistischen und geistesaristokratischen Ansätzen seiner Philosophie, denn seine außenpolitischen Ziele waren ohne Annäherung an die bürgerlichen Eliten in Wirtschaft und Politik nicht zu erreichen." (Burgard 2000: 23). Zudem war Coudenhove-Kalergi bestrebt, die Paneuropa-Union überparteilich[15] auszurichten, da diese als politisch-intellektuelles Netzwerk und integrationspolitische Avantgarde wirken und – über politische Lager hinweg – eine möglichst breite gesellschaftliche Bewegung anstoßen sollte.

Was die politische Wirkung Coudenhove-Kalergis und der Paneuropa-Union im Europa der Zwischenkriegszeit betrifft, stehen Erfolge neben politischen Fehleinschätzungen und – schlussendlich – Niederlagen. Coudenhove-Kalergi kann als „Vater der europäischen Einigungsbewegung" (Conze 2004: 102) gelten, da er der erste war, der zur Durchsetzung des

---

[14] Theodor Heuss beschrieb sein Charisma wie folgt: „er besaß die wunderbare Fähigkeit (...) die Magie des Wortes spielen zu lassen, die mit allem fertig wurde und auch nüchterne Realisten bezauberte und verblüffte" (zitiert nach Ziegerhofer-Prettenthaler 2004: 500).

[15] Zu den Mitstreitern zählten sowohl christlich-demokratische bzw. konservative Politiker, wie der damalige Kölner Oberbürgermeister Konrad Adenauer, als auch prominente Vertreter des sozialistisch/sozialdemokratischen Parteienspektrums, wie die bereits erwähnten Politiker Paul Löbe, Aristide Briand und Édouard Herriot.

theoretischen Konzepts der Vereinigten Staaten von Europa eine grenzübergreifende Organisation ins Leben rief und eine gesellschaftliche Bewegung in Gang setzte. Auch wenn diese Bewegung nie eine breite Verankerung in der Bevölkerung erreichen konnte,[16] sondern letztlich ein Elitennetzwerk blieb, gelang es ihr europäische Einigungsideen in zuvor nie dagewesener Weise in den öffentlichen Raum zu tragen. Einzelne Elemente der Anfang der 1920er Jahre entwickelten Paneuropa-Konzeption fanden Eingang in die praktische Politik, etwa in Gestalt der oben beschriebenen Briand-Initiative oder der ersten Anläufe zu einer Zollunion. Dies ist freilich kein exklusives Verdienst der Paneuropa-Union, da sie nur Teil der oben skizzierten vielfältigen Europa-Initiativen war und schon zum Zeitpunkt ihrer Gründung „bereits eine umfangreiche zeitgenössische Publizistik zum Themenkomplex 'Vereinigte Staaten von Europa' (existierte)" (Ziegerhofer-Prettenthaler 2004: 501). Um an die politischen Entwicklungen der 1920er und 1930er Jahre mit ihren sich verändernden Konfliktlagen und Turbulenzen anschlussfähig zu bleiben, passte Coudenhove-Kalergi immer wieder inhaltliche Positionen an (Wyrwa 2006: 120); etwa bezüglich sensibler Revisionismusfragen, die ja auch zwischen einzelnen Ländern und Staatengruppen konfliktbeladen waren. Als mit der Erfolglosigkeit des Briand-Memorandums sich Anfang der 1930er Jahre abzeichnete, dass – zumindest kurzfristig – mit Einigungsschritten auf politischer Ebene nicht zu rechnen war, verlagerten sich Coudenhove-Kalergis Begründungen für Paneuropa und die anzustrebenden Einigungsziele in den Bereich der Ökonomie. Und als auch dort in den

---

[16] Mit Blick auf Deutschland kommt Conze (2005) zu der Einschätzung, „dass Coudenhove-Kalergi und seine Paneuropa-Union in Deutschland – entgegen dem von Coudenhove entworfenen und teils bis heute nachwirkenden Bild – niemals einen starken Rückhalt besaßen, nicht einmal in den zwanziger Jahren, als sein Erfolg in Deutschland noch am größten war" (S. 15).

Folgejahren ein Scheitern evident wurde, erschien ihm ab 1937 der Bereich der Kultur als „vermeintlicher Rettungsanker für ein vereintes Europa" (Ziegerhofer-Prettenthaler 2004: 17).

Die Versuche, sich durch programmatische Akzentverschiebungen und tagespolitische Anpassungen die Zugänge zu politischen Machtinhabern zu sichern und den potentiellen Unterstützerkreis zu erweitern, bewegten sich zwischen Realismus und Opportunismus. In dem Maße, in dem dadurch manche Konturen des integrationspolitischen Programms unschärfer wurden – etwa bezüglich kurz- und längerfristiger Einigungsziele, konföderaler oder föderaler Strukturvorstellungen – schwand im Laufe der 1930er Jahre auch der Rückhalt unter den Bewegungsaktivisten. Ein Beispiel einer gravierenden politischen Fehleinschätzung ist Coudenhove-Kalergis Versuch, noch nach Ausbruch des Zweiten Weltkriegs bei Mussolini für eine französisch-italienische Union zu werben. In gleichermaßen politisch naiver Weise unterschätzte er die Entwicklungen im nationalsozialistischen Deutschland. Obgleich er den Nationalsozialismus aufgrund dessen Nationalismus, Rassismus und Judenfeindlichkeit strikt ablehnte, plädierte er anfangs für eine Strategie der Einbindung Hitler-Deutschlands in die Bemühungen um eine Verständigung und Kooperation zwischen den europäischen Staaten.

Der Ausbruch des Zweiten Weltkriegs markierte das (vorläufige) Scheitern aller intellektuellen, publizistischen und politischen Bemühungen der Paneuropa-Union. Mit der als Folge des Zweiten Weltkriegs entstandenen bipolaren Weltordnung blieb jede gesamteuropäische Entwicklungsperspektive für mehr als 40 Jahre blockiert.

„Nach 1947 schrumpfte die europäische Bewegung zwangsläufig zu einer westeuropäischen Idee, die aufs Engste mit der Frontstellung des Kalten Kriegs und der dauerhaften Präsenz der USA im westlichen Europa verbunden blieb. Das 'atlantische Bündnis' wurde zum

Fixpunkt einer neuen Idee des Westens, in denen in der Folgezeit Ideen europäischer Integration oder Einheit ihre Verankerung fanden" (Raphael 2011: 300).

Die vor diesem Hintergrund intensiv diskutierte geschichtswissenschaftliche Frage, ob politische Errungenschaften der Zwischenkriegszeit, wie der Völkerbund oder die europäische Einigungsbewegung als

> „Erfolge gefeiert oder als Misserfolge verbucht werden sollen, (ist) in der langfristigen Perspektive anders zu beantworten als in der kurzfristigen. Die diversen Gremien und Konferenzen des Völkerbundes ebenso wie die Aktivitäten der Paneuropa-Union boten den relevanten Akteuren die Möglichkeit unterschiedliche Formen von Kooperation zu erlernen und neue Strategien zur Lösung internationaler Probleme auszuprobieren. Eine ganze Reihe von Akteuren erhielt in diesem Kontext eine Sozialisation in internationaler Kooperation, die sich nach dem Zweiten Weltkrieg auswirkte" (Henrich-Franke 2014: 221f).

Die Vitalität und Nachhaltigkeit föderaler Einigungsvorstellungen, wie sie Coudenhove-Kalergi nach dem Ersten Weltkrieg entwickelte und die Paneuropa-Union in den 1920er und 1930er Jahre propagierte, mag man daran erkennen, dass schon kurz nach Ende des Zweiten Weltkriegs, im September 1946, kein Geringerer als Winston Churchill in seiner berühmten „Zürcher Rede" die Vorstellung formulierte: „We must build a kind of United States of Europe". Er fügte hinzu: „Much work, Ladies and Gentlemen, has been done upon this task by the exertions of the Pan European Union which owes so much to Count Coudenhove-Kalergi."

3

Zur Biografie Hubermans

Der Künstler

Bronislaw Huberman wird am 19. Dezember 1882 in Częstochowa, Polen, geboren. Er wächst als ältester von drei Söhnen in einer musikinteressierten polnisch-jüdischen Familie auf. Trotz bescheidener Verhältnisse – der Vater arbeitet als angestellter Anwalt in einer Kanzlei – ermöglicht die Familie dem hoch talentierten Kind frühen Geigenunterricht.[17] Der Sechsjährige erhält Unterricht bei Miesczyslaw Mihalowicz und tritt bereits ein Jahr später zum ersten Mal öffentlich auf. Einige Monate studiert Huberman am Warschauer Konservatorium bei Isadore Lotto (einem Schüler des bedeutenden Geigers Massard). Freunde des Vaters raten zu

---

[17] Huberman beschreibt diese Familiensituation und die Umstände, die ihn zur Geige führten, in seiner Schrift: *Aus der Werkstatt des Virtuosen*, Leipzig und Wien 1912.

einem Wechsel nach Berlin, das mit dem Violinvirtuosen und Geigenlehrer Joseph Joachim[18] ein Mekka der damaligen Geigenkunst ist. Die Familie spart ein Jahr, um dies zu ermöglichen. Der Zugang zu Joachim, der sich stets gegen den Andrang von „Wunderkindern" wehrte, bleibt zunächst verschlossen.

Als Joseph Joachim schließlich doch Huberman vorspielen lässt, ist er von dessen außergewöhnlichem Talent so beeindruckt, dass er ihm eine Empfehlung schreibt: „Mit Vergnügen spreche ich es aus, dass der neunjährige Huberman aus Warschau ein ganz hervorragendes, musikalisches Talent besitzt. Mir ist kaum im Leben eine so viel versprechende frühzeitige Entwicklung auf der Violine vorgekommen" (zit. nach Huberman 1912).

Der 7-jährige Huberman (1889)

Diese Empfehlung öffnet Huberman viele Türen. Im Sommer 1892 gibt er Konzerte in deutschen und österreichischen Kurorten. Bei dieser Tournee erhält er eine Audienz bei Kaiser Franz Joseph, der ihm Geld für eine

---

[18] Joseph Joachim ist nicht zuletzt auch dadurch in die Geschichte des Violinspiels eingegangen, dass er Johannes Brahms, mit dem er befreundet war, bei dessen Violinkonzert D-Dur Op. 77 und Max Bruch bei dessen Violinkonzert Nr.1 g-moll beraten hat. Das Bruch-Violinkonzert in seiner endgültigen Fassung ist Joseph Joachim gewidmet und wurde von ihm im Jahr 1868 uraufgeführt.

Geige schenkt. Im Winterhalbjahr 1892/93 setzt Huberman mit Hilfe eines Stipendiums seine Ausbildung in Berlin bei Karl Markees fort und nimmt auch Unterricht beim Wieniawski-Schüler Charles Grigorowitsch. Es folgen noch Unterrichtsstunden bei Hugo Hermann in Frankfurt und Martin Pierre Marsik in Paris (Schwarz 1983: 311). Nicht zu Unrecht bezeichnet sich Huberman rückblickend (Huberman 1912) als Autodidakten,[19] da er insgesamt weniger als drei Jahre – davon zwei Jahre in Polen – Unterricht nahm: *„Dann als Zehnjähriger ging ich auf Konzertreisen, nippte gelegentlich bei verschiedenen Meistern und suchte jedem das Beste abzulauschen. Mit 12 Jahren hatte ich die letzte derartige Unterrichtsstunde"* (ebd.: 21).

Seit 1893 führen Konzertreisen das „Wunderkind" Huberman durch ganz Europa. Ein Förderer, Graf Zayoski finanziert ihm eine Stradivari-Geige („The Gibson").[20] In Wien erzielt er 1895 seinen bis dahin größten öffentlichen Erfolg, der sich in einer viel beachteten Konzertreihe Anfang 1896 fortsetzt.

---

[19] Auch bei seinem Beitrag zur europapolitischen Debatte darf man sich Huberman wohl als begnadeten Autodidakten vorstellen. Es gibt nur einige wenige biografischen Hinweise darauf, wie er zu seinem profunden ökonomischen, historischen und politischen Wissen kam, das seine Schriften und Wortbeiträge auszeichnet. Bekannt ist, dass er sich wiederholt an der Pariser Sorbonne wissenschaftlichen Studien widmete. Ein Brief Hubermans vom 14. November 1929 an einen in Paris lehrenden Bekannten, den Ökonomieprofessor Ludwig Bernhardt, gibt anschaulich Auskunft darüber, wie umfassend und detailliert seine fachliche Lektüre war. Weiter heißt es in diesem Brief: *„(...) ich trete in diesem Winter nicht auf und verbringe einige Monate in Paris. Ich möchte diese Zeit auch gerne für die Vertiefung meiner nationalökonomischen Kenntnisse verwenden (...). Welche Vorlesungen würden Sie mir empfehlen. (...) Ratschläge interessanter philosophischer Vorträge würde ich auch dankbar annehmen. (...) Dass all mein ökonomischer Wissensdrang nur einem Zwecke dient: Paneuropa, brauch ich Ihnen wohl nicht zu sagen"* (Huberman Archiv, Tel Aviv).
[20] Unter den Violinen, die Huberman im Laufe seiner Karriere spielte, sorgte diese heute als „Gibson ex Huberman" bekannte, von Antonio Stradivari 1713 gebaute Geige wiederholt für Schlagzeilen, da sie Huberman zweimal gestohlen wurde: Nach dem ersten Diebstahl 1919 in einem Wiener Hotel bekam er sie bald wieder zurück.

Am 29. Januar 1896 spielt der 14-jährige Huberman im Großen Musikvereinssaal in Wien das Violinkonzert von Johannes Brahms. Neben dem Komponisten, der ihm dafür in einer Widmung dankt, sind Anton Bruckner, Johann Strauß und Gustav Mahler unter den tief beeindruckten Zuhörern.

Es folgen von 1896 bis 1897 eine USA-Tournee und von 1897 bis 1898 eine Konzerttournee durch Russland. Angetrieben durch den Ehrgeiz, seine künstlerischen Erfolge fortzusetzen, aber immer auch durch die Notwendigkeit, den materiellen Lebensunterhalt seiner Familie zu sichern, führt Hubermans rastlose Konzerttätigkeit zu einer nervlichen und körperlichen Überanstrengung.

Huberman als junger Künstler im Jahr 1901

1936 wurde die Geige bei einem Konzert in der Carnegie-Hall aus Hubermans Künstlergarderobe gestohlen. Der Dieb, Julian Altman, ein Wander- und Auftragsmusiker, blieb bis zu seinem Tode im Besitz der Stradivari und gestand erst 1985 seiner Frau auf dem Sterbebett den Diebstahl. Im Jahr 2001 erwarb der Violinist Joshua Bell das Instrument (siehe dazu Harald Eggebrecht: Der Raub der roten Violine, in: Süddeutsche Zeitung vom 21./22. Februar 2015).

Mehrere Jahre unterbricht er seine Konzertreisen und öffentlichen Auftritte. 1902 nimmt der 20jährige Huberman seine Konzerttätigkeit wieder auf und begibt sich auf Reisen in die europäischen Musikmetropolen, nach Russland, in die USA, nach Australien und nach Südostasien. 1909 gibt er in Genua auf Niccolo Paganinis Guarneri-Violine ein Wohltätigkeitskonzert zugunsten der Opfer des Erdbebens in Messina. Dieses Wohltätigkeitskonzert steht am Anfang eines großzügigen Mäzenatentums Hubermans. Er, der selber in seinem künstlerischen Werdegang wiederholt von Mäzenen gefördert wird, stiftet zeitlebens die Erlöse zahlreicher Konzerte für humanitäre Zwecke und fördert musikalische Talente und kulturelle Projekte verschiedenster Art.

1910 heiratet Huberman die Schauspielerin Elsa Marguérite Galafrés. Diese Ehe, der ein Sohn entstammt, wird nach drei Jahren geschieden. Beruflich entwickelt Huberman in diesen Jahren besonders zu Deutschland und Österreich, wo er ein begeistertes Publikum findet, starke Bindungen. Auch während des Ersten Weltkrieges, als nur noch wenige Künstler aus dem Ausland nach Deutschland kommen, konzertiert er dort. Die 1920er Jahre sind gefüllt mit Konzerttourneen, u.a. mit einer Südamerikatournee mit Richard Strauss und mehreren Konzerttourneen durch die Vereinigten Staaten sowie mit zahlreichen Schallplattenaufnahmen und nicht zuletzt mit Hubermans 1924 beginnendem europapolitischem Engagement. „Kaum ein Künstler seiner Zeit (...) hat so oft das Konzertpodium mit dem Rednerpult vertauscht" (Roeseler 1987: 68). Dabei gelingt es Huberman über die Presse auch eine breitere Öffentlichkeit zu erreichen. Beispielsweise kommentiert die Wiener Allgemeine Zeitung vom 2. Februar 1926 Hubermans Wirken wie folgt: „Huberman zählt heute nicht nur zu den hervorragendsten Violinkünstlern, sondern ist auch einer der interessantesten und geistreichsten Köpfe unserer Zeit. Namentlich für die Paneuropa-Bewegung hat der Künstler durch die Autorität seiner Persönlichkeit unerhört viel geleistet, ja noch mehr, durch wirklich schöpferische Ideen hat er dieser jungen Bewegung neue Wege gewiesen" (Huberman Archiv, Tel Aviv).

Musikalisch widmet sich Huberman nicht nur den großen Violinkonzerten und der Solo-Literatur für Violine, sondern mit Vorliebe auch der Kammermusik. Im Trio- und Quartettspiel zählen u.a. Arthur Schnabel, Pablo Casals[21] und Paul Hindemith (Viola) zu seinen Partnern. Er nimmt auch Novitäten in sein Repertoire auf; beispielsweise bringt er 1926 das Violinkonzert von Szymanowski mit dem Berliner Philharmonischen Orchester zur Erstaufführung. Bei Soloabenden wird Huberman seit den 1920er Jahren vom deutschen Pianisten Siegfried Schultze begleitet. Diese Zusammenarbeit[22] wie auch Hubermans Konzerttätigkeit in Deutschland endet nach der Machtübernahme der Nationalsozialisten. Von 1926 bis 1938, dem Jahr des Anschlusses Österreichs an das Deutsche Reich, ist Hubermans Hauptwohnsitz das Schloss Hetzendorf bei Wien.[23] Von 1934 bis 1936 leitet er eine Meisterklasse für Violine an der Wiener Musikakademie. In diese Zeitspanne der Jahre 1933 bis 1938, in der sich die natio-

---

[21] Der Jahrhundertcellist Pablo Casals (1876–1973) ist nicht nur ein Konzertpartner Hubermans sondern auch ein politisch Geistesverwandter. Konsequent weigerte sich Casals in Diktaturen oder autoritären Staaten aufzutreten (so ab 1933 in Deutschland). Er engagierte sich gegen das Franco-Regime und setzte sich in öffentlichen Aufrufen und Zeitungsbeiträgen für Demokratie und Menschenrechte ein.

[22] In vorauseilendem Gehorsam schreibt Schultze am 25. Juli 1935 an die Reichsmusikkammer: „Aufgrund meiner seinerzeitigen Unterredung mit Ihnen mußte ich unter dem Eindruck stehen, dass Sie meine weitere Zusammenarbeit mit Herrn Huberman als unzulässig betrachten. Ich habe infolgedessen meine Verbindung mit Herrn Huberman bereits gelöst (…)" (Huberman Archiv, Tel Aviv).

[23] Einem Bericht im „Neuen Wiener Journal" vom 17. Juli 1936 ist zu entnehmen, dass es sich dabei nicht um einen rein privaten, feudalen Wohnsitz handelt, sondern dass es „(…) Schwerinvaliden (sind), die mit Huberman zusammen Schloß Hetzendorf bewohnen und zu deren Gunsten er kürzlich das erste Konzert seit seiner Genesung gegeben hat" (Huberman Archiv, Tel Aviv).

nalsozialistische Diktatur zunächst in Deutschland, dann auch in Österreich etabliert, fallen zahlreiche politische und humanitäre Aktivitäten Hubermans, die nachstehend eingehender dargestellt werden.

Im Dezember 1936 bricht Huberman von Italien aus zu einer Welttournee auf. Dabei erleidet er im Oktober 1937 bei einem Flugzeugabsturz auf Sumatra schwere Verletzungen, unter anderem am linken Arm und der rechten Hand, die ihn zu einer gut einjährigen Konzertpause zwingen. Während der Kriegsjahre bis zum Sommer 1945 lebt Huberman im US-amerikanischen Exil, wo er seine erfolgreiche Konzerttätigkeit fortsetzen kann und wo ihm zahlreiche Ehrungen zu Teil werden. Nach Kriegsende kehrt Huberman nach Europa zurück und nimmt Wohnsitz in der Schweiz. Nach Konzerten in London spielt er am 24. April 1946 in Zürich. Dies wird sein letzter Auftritt, da er schwer erkrankt. Huberman plant trotz angegriffener Gesundheit Konzerte für die Sommermonate. Dazu kommt es nicht mehr. Er stirbt am frühen Morgen des 16. Juni 1947 in Corsier sur Vervier am Genfer See.

Die künstlerische Laufbahn Hubermans, deren wichtigste Stationen in diesem kurzen Abriss beleuchtet wurden, war – von Ausnahmen abgesehen – von einer durchweg positiven, teils euphorischen Resonanz in der zeitgenössischen Konzertkritik begleitet. Die Besprechung eines Huberman-Konzerts in der New York Times vom 22. November 1896 sei beispielhaft zitiert, weil diese Würdigung des USA-Debuts in der New Yorker Carnegy Hall des damals 13-jährigen Geigers bereits einige der wesentlichen Interpretationsqualitäten herausarbeitet, die Hubermans Ruhm begründen sollten:

> „If a musical hearer (…) had turned his back to the stage (…) he would have been greatly interested and impressed by what he heard. For it was a performance (…) which not only did justice to the suavity of the composition, but also imparted a willfulness and impetuosity (…) as he could not have heard before. He could have

heard it delivered in a tone which, if not exquisite, was full and clear, and with a complete mastery of its difficulties. His conclusion would have been that some theretofore unknown but very individual violinist was giving his own interpretation, at many points novel, of the familiar classic. If he then turned round and looked (…) it would have seemed too preposterous that the slight child of thirteen, in long hair and a silken blouse should know and feel and do all that. The most remarkable point about his playing is not at all its precocity, but its maturity, the magistral and authoritative way in which he presents you with his interpretations to take or to leave – the total absence of anything tentative or conjectural or dubious about them."

In der heutigen musikwissenschaftlichen Rezeption nimmt Huberman höchste Ränge in der Ahnengalerie großer Geiger ein.[24] Nach Margret Campbell (1980) verbinden sich in Hubermans Spiel eine ausgeprägte Individualität mit großer Werktreue. Die Individualität seines Spiels hat allerdings, so die Einschätzung von Boris Schwarz, auch dazu geführt, dass „among the great violinists of the twentieth century Huberman is a controversial figure" (Schwarz 1983: 308). Als Beispiel nennt Schwarz die harsche Kritik, die der Violinist und bedeutende Geigenpädagoge Carl Flesch an Hubermans Technik und Interpretationsauffassung übte. Er selbst (der Huberman noch live erlebte) kommt zu folgendem Urteil:

„He was a master of the most ethereal pianissimo (…) His slow movements had a visionary quality, at times ecstatic, at times introverted. All the more disturbing were the outbursts of strength or passion, when he could indeed produce brusque sounds. His left-

---

[24] Dass Huberman auch unter den nachfolgenden Generationen großer Violinisten höchste Wertschätzung genießt, mag man daran ablesen, dass sich zu seinem 100. Geburtstag im Dezember 1982 die Spitzengarde der damaligen Violinvirtuosen, alle mit jüdischen Wurzeln, in Tel Aviv versammelte und zu seinen Ehren konzertierte: Isaac Stern, Ida Haendel, Henryk Szering und die damals jungen Stars Itzthak Perlman, Pinkas Zuckerman und Slomo Mintz.

hand intonation was faultless, his vibrato intense, but he occasionally misjudged his bow attacks which, in turn, resulted in tonal impurities. Ultimately, his artistry and integrity won over these momentary lapses, which his admirers were willing to accept as part of his explosive temperament. There can be no doubt that Huberman was one of the most sensitive and probing musicians of his day" (ebd.: 310).

In eine ähnliche Richtung zielt Harald Eggebrecht, wenn er Huberman als den „Expressionisten unter den Geigenmeistern des 20. Jahrhunderts" bezeichnet:

„Dieser unvergleichliche Musiker kannte keine Kompromisse, immer fand er extreme Lösungen, musizierte um Leben und Tod, (...). Huberman dramatisierte, drang auf Entscheidung, erzwang manchmal Heroisches selbst da wo nur Harmloses gemeint war. (...). Wo Musik aber Ernst, Tiefsinn und Kühnheit verlangt, war Huberman unübertrefflich. (...) Das Besondere Hubermans entspringt nicht nur einer phänomenalen Instrumentenbeherrschung, sondern einem durch das Rauschen und Knistern der alten Aufnahmen hindurch fühlbaren Gestaltungswillen gewaltigen Ausmaßes" (Eggebrecht 2005: 264).

Ein differenziertes Bild der Geigenkunst Hubermans und deren Rezeption entwirft Joachim W. Hartnack (1977) an Hand der verfügbaren Tondokumente, wobei er betont: „Hört man also heute Hubermans Schallplatten, dann muss man sich immer wieder vergegenwärtigen, dass seine Leistung aus dem künstlerischen Ästhetizismus der Zeit von der Jahrhundertwende bis in die dreißiger Jahre entsprungen ist" (ebd.: 99). Dies führe dazu, dass manche spieltechnischen Eigenheiten und Werkauffassungen nicht die ungeteilte Zustimmung heutiger Hörer finde. Dies gelte etwa für die Mozart-Einspielungen. „Wählt man jedoch Hubermans Aufnahme mit dem Violinkonzert Tschaikowskys als Demonstrationsobjekt, dann erlebt man eines der musikalischen Wunder, denen ein Mensch vielleicht nur drei- oder viermal im Leben begegnet" (ebd.: 100).

Huberman im Jahr 1938

Auch für Hartnack ist Huberman einer der „interessantesten und profiliertesten Künstlererscheinungen dieses Jahrhunderts" (ebd.: 93) und umso mehr bedauert er, dass Huberman, auch weil dieser keine „Schule" gegründet habe, in der gegenwärtigen Musikwelt nicht gebührend wahrgenommen und gewürdigt werde.

Für Albrecht Roeseler sind „(…) die erhaltenen Einspielungen, immerhin die Konzerte von Beethoven, Brahms, Tschaikowsky, (…) noch heute geeignet, Hubermans unbeirrbaren Kunstwillen zu uns sprechen zu lassen.

So perfekt und glockenrein, wie diese Aufnahmen erklingen hat in der ersten Hälfte dieses Jahrhunderts kaum einer seiner Kollegen – Jascha Heifetz stets ausgenommen – musiziert" (Roeseler 1987: 59f). Roeselers Charakterisierung des Künstlers Huberman schlägt zugleich eine Brücke zum nachfolgenden Abschnitt, in dem Huberman als willensstarker und unbeirrbarer Homo Politicus in Erscheinung tritt. Roeseler schält einen Wesenskern Hubermans heraus wenn er schreibt: „Musik als ethisch gefärbte, ja philosophisch unterfütterte Kulturäußerung – das war es stets, was Hubermans Musizierweise prägte" (ebd.: 75) und wenn er am Beispiel von Hubermans Beethoven-Interpretationen hervorhebt:

„Aber Hubermans Beethoven ist nicht der tiefsinnige, sondern eher der trotzige; sein Ideal ist das Kämpferisch-Strahlende (...) das subjektive Moment der Durchdringung des Notentextes geschieht durch den hörbar eigenen Interpretationswillen. Selbst die zahlreichen Photographien des Künstlers sind ein sprechendes Abbild seiner künstlerischen Disposition: herrisch, kämpferisch, auf gewisse Weise unnahbar" (ebd.: 66).

Der Homo Politicus

Neben der Musik ist das politische und humanitäre Engagement der zweite Schwerpunkt im Leben Bronislaw Hubermans: „Kunst und Politik (...) waren für ihn zwei Erscheinungsformen der sozialen Verpflichtung, Menschen zu geistiger und körperlicher Befreiung zu verhelfen" (von der Lühe 1997: 10). Erschüttert von den Auswirkungen des Ersten Weltkriegs sucht Huberman nach einer dauerhaften Friedenslösung für Europa. Dabei prägen ihn die Erfahrungen eines ökonomisch prosperierenden und politisch stabilen Gemeinwesens, das er in Gestalt der Vereinigten Staaten von Amerika Anfang der 1920er anlässlich seiner Konzerttätigkeit in den USA kennen lernt. Er sieht einen unmittelbaren Zusammenhang zwischen der politischen Einheit der nordamerikanischen Bundesstaaten und deren wirtschaftlicher und gesellschaftlicher Prosperität und Modernität und überträgt dieses „Modell" auf Europa, für dessen Einigung er sich, wie in Kapitel 4 ausführlich behandelt, fürderhin engagieren wird. Ein Engagement ganz anderer Art wird ihm mit dem Aufkommen des Nationalsozialismus abverlangt. Gegen jede Form von Rassismus eintretend, spürt Huberman lange vor der „Machtergreifung" Hitlers die Gefahren, die von der nationalsozialistischen Bewegung ausgehen und bezieht öffentlich dagegen Stellung. Bei seinen letzten Konzerten, die er 1932 in Deutschland gibt, erregt er nicht nur durch seine Geigenkunst Aufsehen, sondern auch durch seine kritischen öffentlichen Äußerungen gegen die Politik Hitlers: *„Die ganze Richtung ist falsch. Sein Weg ist ein Holzweg"* (zit. nach von der Lühe 1997: 11). Konsequent weigert sich Huberman ab 1933 in Deutschland aufzutreten. Unmittelbar – auch öffentlich – sichtbar wird diese Haltung Hubermans in einer Kontroverse, die er mit Wilhelm Furtwängler[25] austrägt, dem bedeutenden Dirigenten, mit dem er über ein Jahrzehnt hinweg erfolgreich musiziert hatte und freundschaftlich verbunden war. Zu einer letzten Zusammenarbeit kommt es am 19. Mai 1933 in Wien, als Huberman unter dem Dirigat Furtwänglers das Brahms Doppelkonzert für Violine und Cello zusammen mit Pablo Casals aufführt. Eine zunächst mündlich ausgesprochene und dann im Juni 1933 brieflich wiederholte Einladung Furtwänglers für weitere Konzerte in Deutschland lehnt Huberman ab. In einem ausführlichen Antwortbrief an den „lieben Freund" bringt Huberman zunächst seine Anerkennung dafür zum Ausdruck, dass Furtwängler in einem öffentlichen Schreiben an Goebbels für die *„Rettung des Konzertwesens vor der drohenden Vernichtung durch die Rassenschützler"* (von der Lühe: ebd.) eingetreten sei. Entschieden lehnt Huberman jedoch einen Auftritt unter den neuen politischen Bedingungen in Deutschland ab:

---

[25] Zur Rolle Wilhelm Furtwänglers (1886-1954) im Dritten Reich, die bis heute kontrovers diskutiert wird, siehe u.a. Prieberg 1986 und Lang 2012.

„Sie versuchen, mich mit dem Satz zu überzeugen, dass einer den Anfang machen muss um die trennende Wand zu durchbrechen. Ja, wenn es sich nur um eine Wand im Konzertsaal handeln würde! Aber diese Frage einer mehr oder minder berufenen Interpretation eines Violinkonzerts ist nur einer der mannigfachen Aspekte – und, weiß Gott, nicht der wichtigste –, unter dem sich das eigentliche Problem verbirgt. In Wahrheit geht es um die elementaren Voraussetzungen unserer europäischen Kultur: die Freiheit der Persönlichkeit und ihre vorbehaltlose, von Kasten- und Rassenfesseln befreite Selbstverantwortlichkeit" (zit. nach von der Lühe: ebd.).

Huberman sieht gerade Personen des öffentlichen Lebens in der Pflicht, sich nicht dem nationalsozialistischen Regime anzupassen oder gar zu unterwerfen, sondern sich ihm entgegenzustellen. Um ein öffentliches Zeichen zu setzen, bittet er deshalb Furtwängler, einer Veröffentlichung des Briefwechsels in der Auslandspresse zuzustimmen. Nachdem Furtwängler nicht einwilligt, teilt ihm Huberman in einem weiteren Schreiben mit, dass er sich zu einer Veröffentlichung entschlossen habe. Eine leicht veränderte Fassung des Briefes an Furtwängler erscheint am 13. September 1933 in der Tagespresse mehrerer europäischer Städte, darunter Paris und Prag sowie am Tag darauf in der New York Times unter der Überschrift: „Huberman bars German concerts".

Im Angesicht der nationalsozialistischen Bedrohung denkt Huberman darüber nach, auch die Paneuropa-Union zu mobilisieren. Mit deren Vorsitzenden, Coudenhove-Kalergi, verbindet ihn, dies wird im nächsten Kapitel ausführlich geschildert, eine enge vertrauensvolle Zusammenarbeit. In einem Brief an Coudenhove-Kalergi vom 27.September 1933 unterbreitet Huberman den Vorschlag: *„Müsste Paneuropa nicht seine nächsten Ziele bewusst in einer Konzentration auf die Weltangriffsfront gegen das bewusste Regime erblicken? (...) Paneuropa müsste heute in der aktuellen Avantgarde der Abwehrbewegung stehen"* (Brief Hubermans vom 27. September 1933, Huberman Archiv, Tel Aviv). Während diese Idee mit dem Verbot der Paneuropa-Union im Zuge der nationalsozialistischen Gleichschaltung hinfällig wird, setzt Huberman seinen Kampf gegen das nationalsozialistische Regime mit Hilfe der internationalen Presse fort. Am 7. März 1936, dem Tag an dem Hitler-Deutschland den Vertrag von Locarno kündigt (siehe dazu Kapitel 2) und deutsche Truppen das entmilitarisierte Rheinland besetzen, erscheint im Manchester Guardian Hubermans „*Open Letter to German Intellectuals*" in dem er schreibt:

> *„Seit der Veröffentlichung der Durchführungsbestimmungen zu den Nürnberger Gesetzen, diesem Dokument der Barbarei, warte ich auf ein Wort der Empörung, eine Tat der Befreiung von Ihnen. Müsste doch so mancher von Ihnen etwas zu bemerken haben, wenn frühere Bekenntnisse von Ihnen bestehen bleiben sollen. Ich warte vergebens. Angesichts dieses Schweigens kann ich nicht länger stumm bleiben (...).*
>
> *Vor der ganzen Welt klage ich Sie, die deutschen Intellektuellen, die Nicht-Nazis, an als die wahren Schuldigen an all diesen nazistischen Verbrechen, an diesem jammervollen, unsere ganze weiße Rasse beschämenden und gefährdenden Niedergang eines hochstehenden Volkes. Es ist nicht das erste Mal in der Geschichte, dass Instinkte der Gosse nach der Macht greifen, aber es bleibt den deutschen Intellektuellen vorbehalten, ihnen zum Sieg zu verhelfen (...). Es ist ein wahrhaft erschütterndes Schauspiel, das sich der staunenden Welt bietet: Deutsche Geistesführer von der internationalen Bewegungsfreiheit und Bedeutung eines Richard Strauss, Wilhelm Furtwängler, Gerhart Hauptmann, Werner Krauß, Georg Kolbe, Ferdinand Sauerbruch, Eugen Fischer, Max Planck und anderen, noch bis gestern das deutsche Gewissen, den deutschen Genius darstellend, zur Führung des Volkes durch Beispiel und Tat berufen, finden von allem Anfang an keine andere Reaktion auf diesen Anschlag gegen die heiligsten Güter der Menschheit als Kokettieren, Paktieren, Kooperieren. Und zum Schluss, als Ihnen Usurpation und Halbbildung ihre*

ureigensten Begriffe aus ihrer geistigen Werkstatt raubt, um dieser Verkörperung von Terror und Feigheit, Unmoral und Geschichtsfälschung, innerer und äußerer Volksaufwiegelung auch noch die Gloriole von Freiheit und Heroismus, Ethik und Wissenschaftlichkeit, Mystizismus und Pazifismus zu verleihen, da treiben sie ihren Verrat auf die Spitze: ducken sich und schweigen (...).

Deutschland, Volk der Dichter und Philosophen, die Welt, nicht nur die feindliche, Eure Freunde warten in Bestürzung auf ein Wort der Befreiung" (zit. nach Eggebrecht 2005: 271f.).

Huberman, der in seinem Kampf gegen den Nationalsozialismus wie zuvor schon in seinem Engagement für ein vereintes Europa immer wieder seine Bekanntheit als Künstler nutzt, um über die Medien politisch Stellung zu beziehen und öffentlich zu wirken, entfaltet im Zuge der Verschärfung der Rassegesetze noch weit umfassendere Aktivitäten. Er baut ab 1934 im damaligen britischen Mandatsgebiet Palästina ein Orchester mit Sitz in Tel Aviv auf, um jüdischen Musikern, die in Europa von den Nationalsozialisten verfolgt werden, eine berufliche Zukunft zu ermöglichen und – letztlich – das Überleben zu sichern. Bereits 1929 hatte Huberman erstmals in Tel Aviv und anderen Städten des Mandatsgebietes konzertiert. Anlässlich weiterer Auftritte in den Jahren 1931 und 1934, die wahre Begeisterungsstürme auslösen, knüpft er Kontakte zu dortigen Musikern und Musikorganisationen und nimmt zielstrebig den Um- und Ausbau des örtlichen semiprofessionellen Orchesters der Palestine Philharmonic Society in die Hand. Dabei versteht sich Huberman, der europäische Weltbürger, nicht als Zionist. Er sieht aber in der Gründung eines erstklassigen Orchesters die Chance, international verbreiteten antisemitischen Vorurteilen entgegenzuwirken und den jüdischen Überlebens- und Aufbauwillen in Palästina dergestalt zu unterstützen, dass im Mandatsgebiet *„statt einer Abkehr von Europa vielleicht eine Erweiterung europäischer Kultur vor sich geht, die möglicherweise auch in meinem paneuropäischen Sinne* *einmal Früchte tragen wird"* (Huberman, zit. nach von der Lühe 1997: 11). An einen in England lebenden ersten großzügigen Förderer, Israel Sieff, den Huberman gewinnen konnte, schickt er im April 1934 einen Aufbauplan seines Orchesterprojekts und begründet es wie folgt: „*To beat the world of antisemitism it is not enough to create material and idealistic prosperity in Palestine, we must create there new gospels and carry them throughout the world. And the Symphony Orchestra, as I visualize it, would be perhaps the first and easiest step towards the highest aim of Jewish humanity*" (Huberman 1934; zit. nach von der Lühe 1998: 54).[26]

Zur Realisierung seines Projekts „*das hervorragendste Orchester im kleinsten Lande*" (Huberman 1935; zit. nach von der Lühe 1998: 2) zu schaffen, unternimmt Huberman in den Folgejahren unermüdliche Anstrengungen. Erfolgreich wirbt er in Europa und in den USA bei Mäzenen Gelder für einen Orchesterfonds ein.

In den USA, wo er auch Fundraising-Tourneen unternimmt und in 60 Tagen 42 Konzerte gibt, unterstützt ihn beispielsweise Albert Einstein, mit dem er regen Kontakt pflegt und gelegentlich musiziert.[27] Für den Erfolg des Projekts ist nicht zuletzt bedeutsam, dass es Huberman in zäher Überzeugungsarbeit gegenüber den örtlichen Behörden im britischen Mandatsgebiet gelingt, die für die Einwanderung der Musiker und ihrer Familienangehörigen unerlässlichen Einwanderungs-Visa und Aufenthaltsgenehmigungen zu beschaffen.

---

[26] Zu Hubermans Motiven siehe auch: Aronson und George (2016: 191ff).
[27] Die Geigenkünste, des begeisterten Hobby-Violinisten Einstein kommentiert Huberman mit dem Satz: „Er kann nicht zählen".

Huberman mit Albert Einstein in dessen Haus in Princeton im März 1937

Auf künstlerischer Ebene ist er – unterstützt von namhaften Kollegen, wie etwa den Dirigenten George Szell und Hans Wilhelm Steinberg – intensiv mit der Kontaktaufnahme zu Orchestermusikern und deren Auswahl befasst. Dabei lässt sich Huberman von dem Gedanken leiten, „(…) nur die besten verfügbaren Kräfte zu verpflichten, gleichgültig, welcher Nationalität oder welchen Glaubens sie waren (….)" (von der Lühe 1998: 119). Nicht zuletzt gelingt es Huberman den weltberühmten, antifaschistisch engagierten Dirigenten Arturo Toscanini für die Arbeit mit dem Orchester zu gewinnen. Am 26. Dezember 1936 findet in Tel Aviv das erste Konzert des Palestine Orchestra unter Toscaninis Leitung statt. Es sitzen 73 festangestellte Musiker an den Pulten des neuen Orchesters, die mehrheitlich aus Deutschland, Österreich und Polen zugewandert waren; nur 12 Musiker waren schon vor der Orchestergründung in Palästina beheimatet (von der Lühe 1998: 118). Beim Eröffnungskonzert, so Elisabeth Plessen (2011) auf der Basis zeitgenössischer Berichte

„(…) war der Saal völlig überfüllt. Der High Commissioner Sir Arthur Wauchope, der Präsident des zionistischen Weltkongresses

Chaim Weizmann, später der erste Präsident Israels, und der Sozialist, David Ben Gurion, später der erste Ministerpräsident und Verteidigungsminister des Landes, gehörten zu den Ehrengästen. Hunderte standen hinter denen, die einen Sitzplatz hatten, selbst auf dem Dach des Saales saßen die Menschen, um die Musik – u.a. die 2. Symphonie von Brahms und die 8., die Unvollendete von Schubert – zu hören. Das Publikum war begeistert" (Plessen 2011: 16).

Ein von Huberman für den Winter 1937 geplantes erstes gemeinsames Konzert mit dem Palestine Orchestra muss er wegen seiner beim Flugzeugabsturz auf Sumatra erlittenen Verletzungen um ein Jahr verschieben. Nach seiner Rekonvaleszenz tritt er schließlich im Dezember 1938 mit dem Palestine Orchestra in mehreren Konzerten im britischen Mandatsgebiet Palästina und in Ägypten auf. Diese Konzertreihe wird zwischen Februar und März 1940 wiederholt. Es sind zugleich die letzten Auftritte Hubermans mit „seinem" Orchester.

Die sechs Jahre, die bis dahin seit Hubermans Gründungsinitiative vergangen waren, waren bei allem künstlerischen Erfolg nicht ohne Probleme und Spannungen verlaufen. Widrige äußere Umstände, darunter wiederholt gewaltsame, notdürftig von der britischen Mandatsmacht eingehegte Auseinandersetzungen zwischen Palästinensern und jüdischen Einwanderern, erschwerten die Arbeitsbedingungen der Musiker. Auch die Entwicklung des Orchesters war von Fluktuationen und internen Konflikten, etwa um Besetzungen und Gagen, begleitet. Hinzu kamen Spannungen zwischen dem Orchester und Huberman, dessen Rolle als Spiritus Rector von Orchesterseite zunehmend als patriarchalisch oder gar autoritär empfunden wurde. Dies führte ab den 1940er Jahren zu Entfremdungserscheinungen, die nicht durch direkte Gespräche oder gemeinsame künstlerische Projekte aufgelöst werden konnten, da ein Palästinaaufenthalt für Huberman während des Krieges nicht möglich war (von der Lühe 1998: 298ff).

Eine angemessene Würdigung von Hubermans Engagement beim Aufbau des Palestine Orchestra, aus dem 1948 mit der Staatsgründung Israels das Israel Philharmonic Orchestra hervorgeht, muss dem Gang der geschichtlichen Ereignisse seit 1933 folgen: Als Huberman im Jahr 1934 sein Projekt startet, sieht er darin weder eine Charity-Aktion für beruflich diskriminierte jüdische Musikerkollegen noch gar die Schaffung einer lebensrettenden Institution. Die Orchestergründung ist für ihn zum damaligen Zeitpunkt in erster Linie ein antifaschistisches und antirassistisches Statement und ein kulturpolitisches Signal, von dem er sich eine internationale Ausstrahlung und öffentliche Wirkung erhofft: „Nationalsozialisten und Antisemiten sollte die Absurdität ihres Rassenwahns von der Minderwertigkeit der Juden vor Augen geführt werden" (von der Lühe 1998: 2). Und eben darum war Huberman bestrebt, nicht irgendein Orchester, sondern ein Spitzenorchester aufzubauen.

Der Charakter dieses Projekts wandelt sich jedoch in dem Maße, in dem jüdische Musiker in Deutschland aus dem Musikleben ausgeschlossen werden. Bereits ab 1935 ist es ihnen generell verboten, außerhalb der in diesem Jahr geschaffenen Organisationen der jüdischen Kulturbünde (die unter wachsenden Repressionen bis 1941 existierten) beruflich tätig zu sein. Bis 1939 werden auch die jüdischen Musiker in den von Deutschland okkupierten Nachbarländern Österreich und Tschechien Opfer der nationalsozialistischen Politik und mit Kriegsbeginn erweitert sich der Kreis der verfolgten und bedrohten jüdischen Instrumentalisten noch einmal um die Länder, die von Hitler-Deutschland besetzt werden. Im Zuge dieser Entwicklungen ist das Palestine Orchestra nicht mehr nur eine politische Manifestation, sondern eine Einrichtung der beruflichen Existenzsicherung von jüdischen Musikern und ihren Familienangehörigen. Ab 1941, mit dem Beginn der Shoa, wird diese Musikinstitution zum unmittelbaren Überlebensgaranten. Verlässliche Angaben darüber, wie viele Menschen

Huberman durch sein Orchesterprojekt vor Verfolgung und Tod gerettet hat, existieren nicht.[28]

---

[28] In der datengesättigten, quellenkritischen Studie von von der Lühe (1998) finden sich diesbezüglich keine Angaben; die Studie von Aronson und George (2016: 309) geht (allerdings ohne genauere Quellenangaben) von rund 1000 Menschen aus.

4

Der Vordenker und Botschafter eines vereinten Europa

Hubermans Weg zum engagierten Europäer

„Wie immer in meinem Leben, wenn es sich um mein ganzes Ich, meine ganze Überzeugung, um das Einstehen mit meiner Person handelte, so ist es mir auch mit dem Problem Europa ergangen: Ich mußte es mit meinem Gefühl zuerst erleben, und dann kam die erklärende und kontrollierende Vernunft nach. Mein Erlebnis begann gleichsam mit einem Paradox: Ich wurde Paneuropäer in Amerika! Im Jahre 1920, im Moment des tiefsten europäischen Zusammenbruchs, des wirtschaftlichen Chaos und nationalen Mißtrauens, der Verzweiflung, Hoffnungslosigkeit und des Egoismus kam ich zum ersten mal nach den Vereinigten Staaten. Was ich dort erblickte, mußte gerade in jener Zeit auf einen denkenden und fühlenden Europäer wie die Rückkehr zum Eden wirken und zu einem Versuche reizen, auch in Europa die Voraussetzungen zur Errichtung eines solchen 'Paradieses auf Erden' zu schaffen" (Huberman 1932: 12f).

So beschreibt Bronislaw Huberman in seiner programmatischen Schrift *Vaterland Europa* – aus dem Rückblick des Jahres 1932 –, warum und wie er Anfang der 1920er Jahre zum Europäer wurde. Er hatte in den Jahren 1920 bis 1924 jeweils die Wintermonate in den Vereinigten Staaten verbracht. Die dort während seiner Konzerttätigkeiten gewonnenen Eindrücke und Erfahrungen sind, wie er in seinem 1925 in der Zeitschrift PANEUROPA erschienenen Beitrag *Mein Weg zu Paneuropa* an zahlreichen alltagsweltlichen Beispielen anschaulich schildert, Auslöser seines Europa-Engagements.

Die Vereinigten Staaten von Amerika werden für Huberman zum Referenzmodell seines *Vaterlands Europa*. Dieses US-amerikanische Vorbild betrifft zunächst die politische Verfassung. Hubermans Europa-Leitbild ist von Anfang kein „Europa der Vaterländer", sondern ein „Vaterland Europa". Sein Zielmodell ist also kein staatenbündisch zusammenwirkendes Europa, wie es später etwa in den Vorstellungen de Gaulles zu einem „l'Europe des patries" zum Ausdruck kommt, sondern ein bundesstaatlich verfasstes Europa. Sein föderales Zielmodell sind die „Vereinigten Staaten von Europa". Wenn er in seinen Schriften, dem zeitgenössischen Sprachgebrauch folgend, von einem Paneuropa spricht, so ist dies für ihn synonym mit einem europäischen Bundesstaat.

In noch weit stärkerem Maße als die politische Organisationsform sind es die sozialen und ökonomischen Verhältnisse, die auf Huberman als aufmerksamen Beobachter und gesellschaftspolitisch sensiblen Konzertreisenden Eindruck machen und die dazu führen, dass er sein europapolitisches Denken am „Modell" der Vereinigten Staaten von Amerika orientiert. Die im Vergleich zur Alten Welt hohe ökonomische Produktivität und der relative Wohlstand breiterer Bevölkerungsschichten machen die Neue Welt zum Vorbild und Impulsgeber seiner ökonomischen Integrationsüberlegungen. Die soziale Prosperität und wirtschaftliche Dynamik, die er beobachtet, führt er auf den großen US-Binnenmarkt und die dadurch mögliche „Massenproduktion" und „Massenkaufkraft" zurück.

Aus heutiger Sicht und theoretisch gesprochen überzeugen ihn also der sich Anfang der 1920er Jahre durchsetzende Fordismus und vor allem die ökonomische Logik der „Economies of Scale", also die Vorteile arbeitsteiligen Produzierens und Wirtschaftens in einem großen, einheitlichen Markt. Argumente der Skalenökonomie werden im Übrigen rund 60 Jahre später bei der Begründung des EU-Binnenmarktprojekts[29] eine zentrale Rolle spielen.

Immer wieder kontrastiert Huberman in seinen Schriften die US-amerikanischen Marktbedingungen mit dem „Europa der Zölle" und der „Kleinstaaterei". Seine zentrale Begründungsachse einer Selbsteinigung Europas ist mithin die Ökonomie. Dies unterscheidet seine Vorstellungswelt von anderen zeitgenössischen Europa-Konzeptionen, die vorrangig politisch und völkervertragsrechtlich ausgerichtet sind.

Das prosperierende Europa das ihm vorschwebt *„(...) geht nur, wenn man dem Arbeiter die Möglichkeit gibt, innerhalb derselben Arbeitszeit mehr Güter zu erzeugen als bisher und den größten Teil dieses Plus zu seinem Lohne schlägt. Am kürzesten würde die Formel lauten: Lohnsteigerung durch Produktionssteigerung ohne Preissteigerung, sondern mit Preissenkung. Im Europa der Vielstaaterei ist das gleichbedeutend mit der Quadratur des Zirkels, im Europa der Vereinigten Staaten ist es das Ei des Kolumbus"* (Huberman 1925: 15f).

---

[29] Für die Legitimation des Binnenmarktprojekts, das Mitte der 1980er Jahre auf den Weg gebracht wurde, spielte der sog. Cecchini-Bericht (1988) eine wichtige Rolle. In umfangreichen ökonomischen Analysen wurden darin die Kosten eines „Nicht-Europa" beleuchtet und auf skalenökonomischer Basis die Vorteile eines einheitlichen Wirtschaftsraums mit freiem Waren-, Kapital-, Dienstleistungs- und Personenverkehr aufgezeigt.

Diese in starkem Maße auf ökonomischen und wohlfahrtspolitischen Nützlichkeitserwägungen basierende Konzeption und Begründung des Projekts eines vereinten Europa prägen auch Hubermans strategische Vorstellungen. Immer wieder betont er die ökonomisch-utilitaristischen Einigungsmotive und sieht in ihnen eine zentrale politische Triebfeder des Einigungsprozesses. In der öffentlichen Vermittlung eben dieser Dimension, also der Vorteile eines großen, einheitlichen Wirtschaftsraums, sieht er demzufolge eine taktisch sinnfällige und vorrangige Aufgabe der Pan-Europabewegung:

„Für mich stellt sich das Problem als ein vorwiegend ökonomisches dar oder, um ganz ehrlich zu sein, meine Überzeugung von dem Herdentriebe und der Raubtiernatur vieler Menschen (...) drängt mich zu der Taktik, die Wahrheiten über die durch nichts zu überbietenden materiellen Vorteile unserer Bewegung so stark als möglich herauszustreichen, dagegen aber mit dem meinem Herzen noch näher liegenden gleichzeitigen Ziel allgemeiner Verbrüderung und Abschaffung des gegenseitigen Menschenschlachtens ein wenig hinter dem Berge zu halten" (Huberman 1925:14).

Da die Vereinigten Staaten von Amerika nach Hubermans eigenen Ausführungen zum Impulsgeber seines Europa-Engagements und zum Vorbild seines *Vaterlands Europa* werden, lohnt es, seine diesbezüglichen Ausführungen etwas ausführlicher zu dokumentieren und zu kommentieren.

Anschaulich schildert Huberman die prägenden Erfahrungen seiner USA-Aufenthalte. Neben präzisen Beobachtungen und weitsichtigen Reflexionen finden sich Einschätzungen, die – zumal aus heutiger Sicht – als Idealisierung oder gar als politisch naiver Enthusiasmus erscheinen mögen. Dabei gilt es sich allerdings zu vergegenwärtigen, dass Huberman unter den zeitgenössischen USA-Beobachtern keineswegs eine Außenseiterposition[30] einnimmt, wenn er bemerkt: „*Ich gehöre nicht zu den eingebildeten Europäern, die auf Amerika mit kaum verhüllter Geringschätzung herabsehen. Im Gegenteil: Viele seiner staatlichen und gesellschaftlichen Einrichtungen erscheinen mir vorbildlich und erfüllen mich Europäer geradezu mit Neid*" (Huberman 1925: 7).

Ein Feld, das er naheliegender Weise als Künstler zuerst kennenlernt und das er bewundernd beschreibt, ist das ausgeprägte Mäzenatentum:

„*Universitäten, Forschungsinstitute, Museen, Bibliotheken, Konservatorien, Symphonieorchester mit den dazu gehörenden Konzertsälen verdanken ihr Bestehen fast ausschließlich der Munifizenz einzelner Bürger. Dabei erschöpft sich ihr Interesse keineswegs mit der Zeichnung des Schecks. Sie verwenden oft außer ihren Geldmitteln ihren ganzen Einfluß, ihre freie Zeit für das Gedeihen ihrer Stiftungen. Wenn man an die erreichten, in der Welt wohl einzig dastehenden Resultate, wie zum Beispiel die Morgan-Bibliothek, das Carnegie-Institut, das Philadelphia-Orchester usw. denkt, so muß man wohl sagen: 'Die Werke loben ihren Meister.'* (...) *Recht bezeichnend für die amerikanische Art, das Prinzip 'Noblesse oblige' anzuwenden, ist die schöne Geste einer mir befreundeten Musikenthusiastin: Seit Jahren war sie die Seele einer Musikgesellschaft, die sich zum Ziele gesetzt hat, selten gehörte ältere Werke und ganz moderne Kompositionen in vorbildlicher Weise zur Aufführung zu bringen. Kein Wunder, daß bei einer solchen Exklusivität der Programme das Defizit immer größer wurde. Als es schließlich ihr Budget derart überstieg, daß sie vor der Alternative stand, ihre geliebten Konzerte einstellen zu müssen, verkaufte sie schnell entschlossen ihr wertvollstes Perlenhalsband! Ich fühle, meine voreingenommenen Europäer verstummen auch nicht vor dieser*

---

[30] Wie verbreitet eine positive USA-Sicht unter europäischen Wissenschaftlern und Intellektuellen, unter Vertretern der Wirtschaft und auch der Gewerkschaften in diesen Jahren war, zeigt beispielsweise die Analyse von Richard Deswarte (2013).

Wucht der Tatsachen. Sie bezweifeln die Aufrichtigkeit der Motive, denken an Snobbismus, Eitelkeit. Als wenn es bei uns in Europa keine gäbe ... Nur toben sie sich bei uns, je nach der Mode, in Parforce-Jagden und Kieler Regatten aus" (Huberman 1925: 7f).

Für Hubermans sozial-ökonomische Begründung eines vereinten Europa ist vor allem eine Erfahrung von besonderer Bedeutung: *„Was auf mich drüben den stärksten Eindruck machte, war jedoch nicht so sehr der Reichtum des Einzelnen, von dem bei uns so viele irreführende Fabeln erzählt werden, als vielmehr der allgemeine Volkswohlstand"* (Huberman 1925: 8f).

Zwei der Beispiele, an denen Huberman diesen allgemeinen Volkswohlstand vorstellt, seien zitiert. Ein erstes, in ironisch-anekdotenhaftem Ton geschildertes Beispiel gilt einem Musiker-Kollegen: *„Bei meiner Ankunft in einer Musikstadt des Mittelwest im Anfang meiner amerikanischen Laufbahn werde ich von einem Orchestermitglied erwartet, das ich als einen guten Bekannten schlechten Angedenkens, nämlich vom letzten Pult der zweiten Geiger der Warschauer Philharmonie, begrüßte (...). Nach der Bewillkommnung sagt mir mein Landsmann, daß er mich in seinem Auto nach dem Hotel und dann zur Probe begleiten werde. Ich glaubte schlecht gehört zu haben und sage, es sei sehr freundlich vom Musikverein, mir ein Auto zur Verfügung zu stellen, worauf jedoch mein Bekannter mich verbessert und auf das Auto als auf sein Eigentum hinweist. Äußerlich lächelnd, erlitt ich innerlich einen Choc. Wie, dachte ich im Stillen, dieser Mann, der in Warschau zu schlecht für das letzte Pult war, bekleidet hier eine Stelle, die ihm gestattet, ein eigenes Auto zu halten? Er muß also mindestens einen Konzertmeisterposten inne haben. Damit glaubte ich schon die viel günstigere Lage eines amerikanischen Orchestermusikers eskomptiert zu haben, denn welcher Dirigent, geschweige denn Konzertmeister in Europa könnte sich ein Auto leisten? Voll bösester Ahnungen über die Qualität eines solchen Orchesters fuhr ich denn zur Probe.*

Was aber sah ich dort? Mein Auto-Landsmann setzt sich mit einer Bescheidenheit, die für einen europäischen Autobesitzer schier undenkbar wäre, an dasselbe letzte Pult, das er in Warschau inne hatte, nur mit dem Unterschied, daß er in Europa dabei am Hungertuch nagte, während er drüben an allen Lebensgenüssen und Bequemlichkeiten teil hatte, die in Europa allein der sehr dünnen Gesellschaftsschicht der Wohlhabenden vorbehalten sind" (Huberman 1925: 8f).

Ein zweites Beispiel, an dem er das Verhältnis von Lohneinkommen und Kaufkraft im Vergleich der USA mit Europa zu verdeutlichen versucht, gilt einem Hausangestellten: *„Ich führte einen eigenen Hausstand in Amerika und stellte einen Diener an. Sein Monatslohn betrug 110 Dollar. Die Europäer werden bei Umrechnung dieser Summe in ihre einheimische Währung die Hände über dem Kopfe zusammenschlagen und mich bemitleiden. Das ist aber erstens überflüssig, weil 110 Dollar einen kleineren Prozentsatz meines amerikanischen Einkommens ausmachen, als der entsprechende europäische Dienerlohn von meinen europäischen Einnahmen bedeuten würde. Zweitens ist mein Ausgaben-Budget im Sinne der vorliegenden Betrachtungen weniger interessant als das Einnahme-Budget meines Dieners, aus dem einfachen Grunde, weil es mehr Diener als Geiger gibt. Also er erhielt 110 Dollar. Wie verhielt sich nun sein Lohn (...) zu seinen Ausgaben? Nehmen wir an, er brauchte ein Paar Schuhe: 5 Dollars gleich 4 Prozent seines Monatslohnes. Ein Ford-Auto: 265 Dollars oder nicht ganz zweieinhalbfacher Monatslohn! Man zeige mir ein Land in Europa, auch aus der gesünderen Vorkriegszeit, wo ein Diener sich in einenviertel Tag Arbeit ein Paar tadellose Schuhe, in siebzig Arbeitstagen ein Auto verdient hätte! In Wien würde ein Diener zirka sechs Jahre für das gleiche Auto arbeiten müssen!"* (Huberman 1925: 9f).

Huberman betont, dass er noch Bände mit derartigen Beispielen füllen könnte, und alle auf dasselbe hinauslaufen würden: *„Allgemeiner Wohl-*

stand, innere Zufriedenheit, ein alle verbindendes stolzes Gefühl der Zugehörigkeit zu einer einzigen großen Volksgemeinschaft und nicht wie bei uns in Europa die peinvolle Scheidung in Bourgeois und Proletarier" (Huberman 1925: 11f).

Das in diesem Zusammenhang für Huberman „(...) verwirrendste, aber keineswegs vereinzelt dastehende Phänomen ist Ford. Er bringt es fertig, den Lohn seiner Arbeiter alljährlich zu erhöhen, den Preis seiner Automobile zu ermäßigen und dennoch seinen Nettogewinn stetig zu steigern! Diese Eindrücke und Beobachtungen müssen einen denkenden Menschen zum Überlegen zwingen. Denn solche Phänomene müssen auf bestimmten Ursachen beruhen. Diese zu erkennen war der Zweck meiner eingehenden Besichtigung der Fordschen Fabrik in Detroit. Der Eindruck war überwältigend, seine Wirkung nicht weniger atemraubend als etwa eine Partitur von Stravinsky – beides Emanationen von Genie und Zeitgeist. Die kürzeste Erklärung der Zauberformel für die Blüte Amerikas, deren vollkommenster Exponent Ford sein dürfte, heißt: Vereinigte Staaten. Diese bedeuten die Voraussetzung für deren zwei wichtige Faktoren: Massenproduktion und Massenabsatzgebiet" (Huberman 1925: 12).

Die prägende Bedeutung dieser Erfahrungen für sein integrationspolitisches Denken wird daran deutlich, dass er in seinem 1932 erschienen Buch *Vaterland Europa* erneut darauf zurückkommt und seine ökonomische Argumentation mit detaillierten Zahlenbeispielen unterfüttert.

Hatte Hubermans intensive Beschäftigung mit Fragen der Ökonomie [31] zunächst den „Klassikern" der Volkswirtschaftslehre und zeitgenössischen ökonomischen Studien gegolten, so unternimmt er Anfang des Jahres 1930 Schritte, die weit darüber hinausgehen und die zeigen, mit welcher Ernsthaftigkeit, ja Besessenheit, er an einer datengestützten Untermauerung seiner Argumentation arbeitete. In Vorbereitung des Buches

---

[31] Siehe dazu auch Fußnote 18.

und zur Gewinnung valider ökonomischer Daten wendet er sich in mehr oder weniger gleichlautenden Schreiben an ihm bekannte Unternehmer und Wirtschaftsfachleute. So heißt es in einem entsprechenden Brief Hubermans vom 27. Februar 1930, der an Dr. Ernst Ziegler, Direktor der böhmischen Kreditanstalt in Prag, gerichtet ist:

„Wie Sie wissen konzertiere ich dieses Jahr nicht (...) um mich konzentrierter meinen Arbeiten für die paneuropäische Bewegung widmen zu können. Diese Arbeiten bestehen besonders in politisch-ökonomischen Studien zum Zwecke statistischer Erhebungen über die Produktivität in den verschiedenen Ländern Europas im Vergleich mit Amerika. Nur in Amerika sind die statistischen Ämter gut organisiert (...). In Europa dagegen ist es sehr schwer, sich die für statistische Vergleiche in Frage kommenden Zahlen zu beschaffen; meistens ist es nur aufgrund persönlicher Beziehungen möglich, wenn überhaupt. Nun wäre ich Ihnen außerordentlich dankbar, wenn Sie mir bei der Beschaffung dieser Daten behilflich sein könnten. Um Sie nicht mit langen Erklärungen zu belästigen, lege ich einen Fragebogen bei, der genauen Aufschluss über die für mich in Betracht kommenden Daten gibt" (Huberman Archiv, Tel Aviv).

Die schließlich in seinem Buch präsentierten Daten weisen, so Huberman, *„(...) auf eines der wichtigsten ökonomischen Gesetze hin, dessen bewußte Anwendung (...) das Bild unseres Erdteils von Grund aus verändern würde: Das Gesetz von der Relation der Preise zur Quantität der Erzeugung, zum Umfang und zur Steigerung des Bedarfes (...). Aber erst recht kann man die Wirkung der Massenproduktion in einem zollfreien gesamtkontinentalen Wirtschaftsgebiet an jenen tausenden Gebrauchsgegenständen beobachten, die die Tagessorgen der Europäer bilden: Bekleidung, Nahrungsmittel, Verkehr, Theater, alles ist im Verhältnis zum amerikanischen Lohn 3 bis 8 mal billiger als diese Gegenstände in Europa im Verhältnis zum europäischen Lohn"* (Huberman 1932: 15ff).

Hubermans zeitgenössischer Blick auf die US-amerikanischen Verhältnisse, die er mit den europäischen Gegebenheiten vergleicht, entspricht objektiven ökonomischen Gegebenheiten. Betrachtet man für den Zeitraum der 1920er Jahre die Entwicklungen des realen Sozialprodukts im Vergleich der USA mit den drei großen europäischen Ländern Frankreich, Großbritannien und Deutschland oder die entsprechenden Vergleichszahlen zur Preisentwicklung, zur Industrieproduktion oder zur Kaufkraft, so sprechen die ökonomischen Zahlen eine eindeutige Sprache zu Gunsten der USA. Freilich gilt es, beim Vergleich der beiden Wirtschaftsräume die Folgen des Ersten Weltkriegs in den Ländern Europas zu berücksichtigen; eine Problematik, die Huberman u.a. mit Blick auf die deutschen Reparationszahlungen durchaus sieht und mit der er sich, wie darzustellen sein wird, auch auseinandersetzt.

Als Huberman 1932 seine Programmschrift *Vaterland Europa* verfasst, sind in Europa wie in den USA die wirtschaftlichen Auswirkungen des an der New Yorker Börse ausgelösten Börsencrashs und der Weltfinanzmarktkrise von 1929 deutlich spürbar. Angesichts der Bedeutung des US-amerikanischen Wirtschaftssystems für seine Europa-Konzeption, kommt Huberman nicht umhin, kritische Rückfragen zu stellen. Zunächst hält er fest, dass die Vorbildfunktion der USA durch die Krise nicht erschüttert sei, da „(…) *mit der Gegenüberstellung Amerika–Europa (…) nur die durch fast ein Jahrhundert bewährte Überlegenheit eines Systems äußerster Arbeitsteilung in einem Großwirtschaftsraum über Zwergwirtschaftssysteme in Zeiten relativ gleicher Prosperität beider Systeme bewiesen (…) werden sollte"* (Huberman 1932: 24f).

Zugleich kritisiert er sehr deutlich die protektionistische Krisenreaktion der USA. Nicht nur der Protektionismus in Europa habe die weltwirtschaftliche Krise verschärft, vielmehr habe die USA daran einen maßgeblichen Anteil, da „(…) *Amerika (…) auf der Rückzahlung der europäi-*

schen Schulden bestand, zugleich aber durch eine maßlose Erhöhung seiner Zollschranken deren Tilgung durch europäische Warenlieferung unmöglich machte; als es seine Massenproduktion auf etwa 10–15 Prozent über den Eigenbedarf einrichtete, den Export dieses Überschusses aber durch Drosselung des europäischen Importes selbst hinderte" (Huberman 1932: 25). Der *„augenblickliche trostlose Zustand Amerikas"* (ebd.) sei, so Huberman, der Beweis, dass sogar die Wirtschaft eines Erdteils wie Nordamerika trotz seiner schier unerschöpflichen Hilfsquellen an Rohstoffen und geschulten Menschen keine Absonderung von der Welt ertragen könne.

Die bereits erwähnte Begeisterung Hubermans für das *Prinzip Ford* hat mehrere Gründe. Dieses Produktionsmodell mit seiner industriellen Massenproduktion und Massenkonsumption ist für sein europäisches Projekt nicht nur ökonomisch vorbildlich, weil es den großen, einheitlichen Binnenmarkt voraussetzt bzw. hervorbringt, sondern es ist für ihn auch demokratie- und gesellschaftspolitisch bedeutsam. Denn Huberman sieht in der auf einem Klassenkompromiss basierenden Prosperität dieses Modells ein Potential, das – auf Europa übertragen – den Weg zu einem *Vaterland Europa* ebnen und gleichzeitig gesellschaftliche Spaltungen überwinden kann. *„Amerika, das Land mit der zahlreichsten Arbeiterbevölkerung, ist das einzige Industrieland der Welt, in dem es keine politische Arbeiterpartei gibt. Die meisten Arbeiter – darunter auch geistige, wie zum Beispiel die Musiker – sind in den Trade-Unions auf das mächtigste organisiert und erringen und erhalten sich mit deren Hilfe ihren hohen Lebensstandard. Aber auch die wütendsten Lohnkämpfe vermögen sie nicht politisch von dem Rest der bürgerlichen Gesellschaft zu trennen, als deren vollwertige Mitglieder sie sich mit Recht fühlen. Mit dieser Feststellung habe ich ein wichtiges Blatt des paneuropäischen Problems aufgeschlagen: Die europäische Union in ihrer negativen Wirkung auf den Bolschewismus. Wenn es uns auch hier in Europa gelingt, Zustände zu schaffen,* *die eine politische Absonderung der Arbeitermasse vom Rest der Bevölkerung unnötig machen, dann verhindern wir eo ipso das Umsichgreifen des Bolschewismus. Daß aber andererseits der Bolschewismus für weite Kreise einen großen Gedanken darstellt, werden auch seine Gegner nicht leugnen können. Einen Gedanken, mag er auch verstiegen erscheinen, kann man aber nicht mit dem Bajonett ausrotten. Man kann ihn nur mit einem größeren Gedanken besiegen. Dieser größere Gedanke heißt wiederum Paneuropa. Meiner Ansicht nach gibt es für die Bourgeoisie Europas nur eine Alternative: Entweder es gelingt ihr, das Niveau der Lebensführung der arbeitenden Klassen zu heben und allmählich dem ihrigen anzugleichen, oder aber die Arbeiter werden sie zu ihrem Lebensstandard hinunterreißen, wie sie es in Rußland bereits getan haben. (...) Ich wundere mich nur, daß diese fortgesetzte Beschwindelung der Arbeitnehmer, die (...) nur eine unvermeidliche Folgeerscheinung der politischen Struktur Europas ist, nicht längst von den Arbeiterführern erkannt und bekämpft worden ist"* (Huberman 1925: 14f).

In dieser Argumentation wird Hubermans evolutionär-sozialreformerische Grundhaltung zur Klassenfrage seiner Zeit ebenso sichtbar, wie auch seine anti-kommunistische Position. Ein anti-bolschewistischer Reflex als europäisches Einigungsmotiv beherrschte die gesamte damalige Europa-Bewegung, die überwiegend von bürgerlichen Kreisen getragen wurde. Dieses Denken teilt auch Huberman. Im Gegensatz zu Coudenhove-Kalergi hängt er allerdings keinem fanatischen Anti-Kommunismus an. So sehr er sich in gesellschaftspolitischen Fragen und in Fragen der Demokratie vom „aristokratischen" Kopf der Paneuropa-Union unterscheidet, unterscheidet er sich auch hier.

Hubermans Blick auf die sozial-ökonomischen Entwicklungen in den USA Anfang der 1920er Jahre und insbesondere sein Sensorium für *das Prinzip Ford* sind von einer erstaunlichen historischen Weitsicht, da der „Fordismus" – so die spätere sozialwissenschaftliche Theoretisierung – zu einem Modell von epochaler Prägekraft in allen westlichen Industrienationen werden sollte. Der mit der fordistischen Produktionsweise verbundene Taylorismus, also die Rationalisierung der Arbeitsabläufe, etwa durch zergliederte Fließbandarbeit, wird von Huberman angesprochen, aber nicht problematisiert. Die bereits damals in den USA geführten politischen Auseinandersetzungen über die mit dem Taylorismus verbundenen Probleme entfremdeter Arbeit, die bis ins Repräsentantenhaus reichten, lernt er möglicherweise während seiner Aufenthalte nicht kennen, vielleicht erscheinen sie ihm auch nicht erwähnenswert. Bei der von Huberman positiv bewerteten starken gewerkschaftlichen Interessenvertretung in den USA übersieht er (oder wird damit bei der von ihm geschilderten Betriebsbesichtigung nicht konfrontiert), dass gerade im Falle Fords die überdurchschnittlich hohe Entlohnung und die Gewinnbeteiligung der Beschäftigten an ein striktes Verbot gewerkschaftlicher Organisierung in den Ford-Werken geknüpft waren (eine Unternehmenspolitik, die im Übrigen erst 1947 unter dem Druck der Gewerkschaften und der politischen Öffentlichkeit aufgegeben wurde).

Diese hier vorgestellten Erfahrungen Hubermans in den USA und die politischen Schlüsse, die er daraus zieht, machen ihn, den Weltreisenden und Weltbürger zum Europäer und führen ihn 1925 zur Paneuropa-Bewegung. Huberman schreibt:

„Erfüllt von diesen Ideen, kam ich nach Europa zurück, mit dem festen Vorsatz, eine Bewegung ins Leben zu rufen, die kein geringeres Ziel hätte als die Schaffung der Vereinigten Staaten von Europa. Doch schon beim ersten Versuch wurde mir lächelnd auf die Schulter geklopft, etwa mit den Worten: 'Ja, ja, wir wissen schon, wo du das her hast: Paneuropa'. Ich fragte, was dies bedeute und erfuhr auf diese Weise, daß bereits ein Kristallisationspunkt für eine solche Bewegung existierte: 'Paneuropa' von Graf Coudenhove-Kalerfi. Ich verschaffte mir das Buch und war sehr beglückt, viele meiner Ideen darin vorzufinden und vor allem dasselbe Ziel.

Ich bilde mir auf diese Ideen nichts ein, denn sie liegen jetzt geradezu in der Luft, ebenso wie andererseits dieses In-der-Luftliegen die Tat Coudenhoves nicht im Geringsten schmälert. Denn das Kriterium für den Begnadeten, sei er Dichter, Führer oder Prophet, besteht nicht darin, daß er unerhört Neues, noch nie Dagewesenes dem erstaunten Volke zeigt, sondern ganz im Gegenteil in der Fähigkeit, das, was vieler Menschen Herz oder Geist bewegt, in die entsprechende Form zu kleiden und dadurch erst sein Verkünder zu werden. Und das hat Coudenhove getan.

Er hat das Problem von allen Seiten beleuchtet und kommt immer wieder zum gleichen Ergebnis. Wenn auch nicht alle Wege nach Rom führen, so führen sie doch alle nach Paneuropa, gleichviel, ob es der Weg der Vernunft, des Materialismus, der Ethik, der Religion, des Pazifismus, der christlichen Nächstenliebe oder der Selbsterhaltung ist. Es fragt sich nur, ob Coudenhove nicht, treu seinem angeborenen Hange nach philosophischer Erkenntnis und ethischer Reinheit, die idealistische Seite des Problems zu sehr unterstrichen, die praktische, materielle hingegen, trotz aller sachlichen Logik, zu sehr in den Hintergrund geschoben hat" (Huberman 1925: 13).

Diese Ausführungen sind in mehrfacher Hinsicht aufschlussreich: Zunächst macht Huberman sehr selbstbewusst den Anspruch geltend, dass seine Europa-Vorstellungen auf einem eigenständigen Lernprozess basieren. Dabei bleibt er bezüglich seiner konzeptionellen „Originalität" bescheiden, da *viele dieser Ideen in der Luft* liegen. Er betont aber auch, dass es nicht die Schriften Coudenhove-Kalergis waren,[32] die seine Vorstellungen (quasi im Sinne eines europäischen Erweckungserlebnisses) beeinflusst haben, sondern dass er vielmehr darin *viele seiner Ideen* wiedergefunden habe. Zugleich aber lassen bereits die zitierten Zeilen eine große Bewunderung erkennen, die Huberman Zeit seines Lebens Coudenhove-

---

[32] Noch vor der Rückkehr Hubermans aus den USA war im Jahr 1923 das Buch „Paneuropa" von Coudenhove-Kalergi in Wien erschienen.

Kalergi entgegengebracht hat.[33] Diese Wertschätzung hindert ihn allerdings nicht daran, auch schärfste Kritik an Coudenhove-Kalergi zu üben.

Hervorzuheben ist schließlich, dass bereits in diesen Textpassagen unterschiedliche Akzente in strategischen Fragen sichtbar werden, die auch in der Folgezeit das Agieren Hubermans in der Paneuropa-Union und seinen Austausch mit Coudenhove-Kalergi prägen werden. Wie ausführlich zu erörtern sein wird, unterscheiden sich die beiden nicht in ihrer Zielvorstellung eines geeinten Europa, wohl aber in der Gewichtung integrationspolitischer Motive und der Abfolge von Integrationsschritten sowie in der Frage, wer primärer Adressat des europäischen Einigungsgedankens und wer Träger des Einigungsprojekts sein sollte.

Das *Vaterland Europa* schaffen: Die konzeptionellen und strategischen Vorstellungen Hubermans

Das *Vaterland Europa* Bronislaw Hubermans soll im Folgenden in seiner politischen, ökonomischen und die kulturellen Dimension beleuchtet werden. Dabei soll auch erörtert werden, welche zeitgeschichtlichen Erfahrungen Hubermans europapolitisches Denken prägen, wie sich seine Europa-Vorstellungen im Kontext der Einigungsbestrebungen der 1920er und 1930er Jahre verorten lassen und wo seine Vorstellungen über die damaligen integrationspolitischen Debattenhorizonte hinausweisen.

Da Huberman strategischen Fragen große Aufmerksamkeit schenkt, soll schließlich auch erörtert werden, wie er sich den politischen Weg und die

---

[33] Die hohe Wertschätzung beruht auf Gegenseitigkeit. In einem Brief vom 9. Juni 1929 schreibt Coudenhove-Kalergi an Huberman: „Ich selbst bin tief gerührt von Ihrer selbstlosen, hingegebenen und unermüdlichen Mitarbeit. Ich schätze Sie doppelt, weil Sie ein gottbegnadeter Mensch sind, auf dem der ganze Segen der Genialität ruht: und ich bin stolz darauf, Sie meinen Freund zu nennen!" (Huberman Archiv, Tel Aviv).

praktischen Schritte zur Verwirklichung seines europäischen Projekts vorstellt.

Die politische Dimension

Als Huberman mit seinen Ideen zu einem vereinten Europa erstmals an die Öffentlichkeit tritt, – ab 1924 zunächst in Reden und kleineren Zeitungsbeiträgen, dann 1925 mit seiner ersten programmatischen Schrift –, liegt der Erste Weltkrieg erst wenige Jahre zurück. Der historische Augenblick erscheint ihm „(...) besonders günstig (...). *Es treffen jetzt so viele glückliche Faktoren zusammen, daß man heute vielleicht zum ersten Mal in der Geschichte unseres Weltteils die Gründung der Vereinigten Staaten Europas erörtern kann, ohne sich den Vorwurf eines Utopisten zuzuziehen"* (Huberman 1925: 29).

Ein erster Faktor, auf dem die politischen Hoffnungen Hubermans gründen, ist die neue Dimension der Kriegserfahrungen und Kriegsfolgen: „*Der Weltkrieg mit seinen Greueln ist noch in aller Erinnerung. An seinen Verwüstungen kranken wir noch alle. Seine Zwecklosigkeit, nein, seine Schädlichkeit auch für den Sieger, beginnt sogar in den dümmsten Gehirnen aufzudämmern"* (Huberman 1925: 30). Der Krieg habe sich zum ersten Mal in der Geschichte der Menschheit, „*(...) selbst ad absurdum geführt. Der einzige Unterschied zwischen Sieger und Besiegtem, wenn es überhaupt noch einen solchen gibt, ist, daß der eine mehr verliert als der andere (...). Beim nächsten Krieg wird auch noch dieser geringe Unterschied verschwinden"* (ebd.). Unter diesen Voraussetzungen habe der Krieg auch aufgehört, „*ein rentables Geschäft zu sein"* und man könne „*mit einiger Aussicht auf Erfolg darauf ausgehen, die Wirtschaft der europäischen Staaten von der Kriegs- auf die Friedensbasis umzustellen. Also auf Paneuropa"* (ebd.).

Einen zweiten begünstigenden Faktor für „*die Wahl des jetzigen Zeitpunktes zur Inangriffnahme der Gründung Paneuropas"* sieht Huberman „*in der Demokratisierung und Republikanisierung des größten Teils unseres Kontinents" (ebd.).* Denn so lange Europa *"von den auf ihr Gottesgnadentum pochenden Dynastien der Romanows, Habsburger und Hohenzollern regiert wurde, wäre jeder derartige Versuch eine an Majestätsbeleidigung grenzende Zumutung gewesen: Die Dynastien, welche die Souveränität ihrer Staaten als ihr eigenes persönliches Attribut betrachteten, hätten niemals die geringste Einschränkung derselben zugegeben" (ebd.: 31).*

Hatte Kant in seiner Schrift „Zum Ewigen Frieden" von 1795 die Vorstellung entwickelt, dass die republikanische Verfassung von Staaten eine wichtige Bedingung für Völkerfrieden sei, wird für Huberman der Übergang zu demokratischen Staatsformen nach dem Ersten Weltkrieg zugleich zur Voraussetzung der Europäischen Einigung, da nun die *Hindernisse* wegfielen, *"welche die europäischen Großmacht-Dynastien den paneuropäischen Bestrebungen in den Weg gelegt hätten" (ebd.).*

Sieben Jahre später, greift Huberman in seiner Schrift *Vaterland Europa* diesen Gedankengang noch einmal auf: *"Der reine Machtnimbus, so unentbehrlich als Gloriole und Begründung des monarchischen erblichen Gottesgnadentums, verliert seine Logik, wenn angewendet auf republikanische Demokratien" (Huberman 1932: 32).*

Zugleich aber nimmt er seinen ursprünglichen Optimismus unter dem Eindruck der realen politischen Entwicklungen (die auch unter den Bedingungen der Demokratie eingetreten waren) zurück. Seine ursprüngliche Argumentationskette, wonach mit dem Wegfall monarchischer Dynastien auch kriegerische Auseinandersetzungen um Grenzen und Vormachtstellungen wegfielen und mit demokratischen Staatsverfassungen das Freiheitsstreben der Völker zugleich mit einem Europäischen Einigungsstreben Hand in Hand gehen würden, weicht einer Situationsbeschreibung, die ebenso hellsichtig ist, wie sie verzweifelt klingt:

"Das europäische Konzert hat sich zu einer Kakophonie entwickelt. Es ist ein Lügengewebe, wie es die Welt in solcher Vollkommenheit kaum vorher gesehen hat. Ich weiß nicht, wo mit den Widersprüchen, Hypokrisien anfangen. Patriotismus, Pazifismus, europäisches Solidaritätsgefühl, Kulturgemeinschaft, Christentum, konservative oder liberale Weltanschauung, Freiheit, alle diese echten Gefühle gutgläubiger Massen werden heute von den Staaten Europas zur Heuchelei verzerrt, um der Verschleierung ganz anderer Ziele zu dienen. Mit besonderer Vorliebe wird z. B. von der Erbfeindschaft mancher Völker gegeneinander als Kriegsgrund gesprochen. Noch nie wurde eine infamere Lüge aufgestellt. (...) Es mag Völkerantipathien oder -sympathien geben, aber noch nie haben solche allein zu Kriegen oder zu Alliancen geführt. Nicht der Erbhaß führt zu Kriegen, sondern der Krieg führt naturgemäß zum Haß (...). Die Völker haben ihren politischen Schlaf abgeschüttelt und halten die Entscheidung über Krieg und Frieden durch ihr Stimmrecht selbst in der Hand. Trotzdem lassen es ihre Vertreter in den europäischen Parlamenten zu, daß die Regierungen miteinander nach den alten diplomatischen Methoden verkehren, welche die Völker um die letzten Ziele ihrer politischen Kämpfe betrügen. Die europäischen Völker haben endlich zwar ihre politische Freiheit erlangt, aber das was diese Freiheit erst zum Bewußtsein ihres wahren Wertes bringt, nämlich die Teilnahme an den Kulturgütern durch Befreiung von den ökonomischen Sklavenketten, das wird ihnen noch immer vorenthalten. Mit den ökonomischen Sklavenketten meine ich die Armut, das Elend unserer Fabrikarbeiter, Bauern, kleineren und mittleren Angestellten usw., ihre nackte Lebensfristung, für die einzig und allein unsere Regierungen Schuld tragen, und zwar dadurch, daß sie das heute sinnlos gewordene europäische Kleinstaatensystem eigensinnig aufrechterhalten" (Huberman 1932: 26f).

Diese Diagnose der europäischen Verhältnisse mündet erneut in die Vorstellung, dass der Schlüssel zur Problemlösung – ökonomisch wie politisch – in der Überwindung des „europäischen Kleinstaatensystems" liegt. Nach Huberman kann Europa Frieden und gesellschaftliche Wohlfahrt *„(...) nur auf dem Wege der föderativen Einrichtung seiner Politik und der kapitalistischen Entwicklung seiner Wirtschaft erreichen. Ja, ich habe mich hier nicht versprochen: Entwicklung der kapitalistischen Wirtschaftsform!"* *(Huberman 1932: 34).*

Dass Huberman hier seinem politischen Zielmodell eines föderal verfassten Europas die *Entwicklung der kapitalistischen Wirtschaftsform* zur Seite stellt, überrascht zunächst angesichts seiner sozialpolitischen Überzeugungen und seiner sozialreformerischen Grundhaltung. Huberman begründet dieses wirtschaftspolitische Credo wie folgt: *„Ich bestreite, daß zum Wesen des modernen Kapitalismus ein ewiger Turnus von etwa 40 Jahren Kriegsvorbereitung, die man fälschlich Frieden nennt, und 30 Jahren Kriegszustand gehört. (...) Was wir erleben, das sind Nachwehen des europäischen Dynastinismus und Ausgeburten des kleinbürgerlichen nationalen Chauvinismus"* (Huberman 1932: 35).

Der *Kapitalismus*, den es zu entwickeln gilt, ist für Huberman also mehr oder weniger ein Synonym für einen grenzenlosen Wirtschaftsraum in einem politisch geeinten Europa. Entsprechend lauten seine Schlussfolgerungen und Erwartungen *„(...) daß ich die von nationalistischen Irrlehren befreite Wirtschaft Europas als Basis für Paneuropa ansehe, und daß ich von dem wirtschaftlichen Riesenraum 'Paneuropa' die Befriedigung der gerechten Ansprüche der geistigen und Handarbeiter auf ein Mindestmaß von Hygiene, Bildung, Kultur, Komfort, aber auch Kunst und Vergnügen erwarte. Nur damit wäre die todfeindliche Spaltung Europas in zwei Lager: die der Bürger und der Proletarier, zu vermeiden. Wenn man also konsequent sein will, so muß man zugeben, daß der Versöhnung der Klassen die Verbrüderung und Föderation der Völker in Europa vorangehen* *muß, weil erst diese die politischen und wirtschaftlichen Voraussetzungen schaffen kann, die zur Erhöhung des Lebensstandards der mit Recht verbitterten Volksmassen in Europa führen sollen" (Huberman 1932: 35f).*

Ein weiterer zentraler Baustein des Huberman'schen Gedankengebäudes entsteht in Auseinandersetzung mit zeitgenössischen friedenspolitischen Erfahrungen und mit Vorstellungen, die man später in der politikwissenschaftlichen Literatur als Funktionalismus bzw. Neofunktionalismus[34] bezeichnen wird. Nämlich die Vorstellung, wonach der Weg zu einer internationalen Friedensordnung bzw. zur Staatenintegration über eine schrittweise Verflechtung und Kooperation in zunächst eher „technischen" Feldern und über zwischenstaatliche internationale Organisationen führe. Huberman positioniert sich hierzu dezidiert skeptisch:

„Die Lösung der meisten anderen zwischenstaatlichen Aufgaben, wenn auch nicht mit dem Ziel Paneuropa, war nämlich schon vor dem Krieg in die Wege geleitet worden. In Frieds Handbuch der Friedensbewegung aus dem Jahre 1911 werden 186 internationale Regierungskonferenzen und 86 zwischenstaatliche Institutionen aufgezählt, aus denen ich als die wichtigsten nur das Haager Schiedsgericht, die lateinische Münzkonvention, die Interparlamentarische Union, den Weltpostverein und die Genfer Konvention hervorhebe. Wenn man diese Liste internationaler Institutionen liest, so ist man versucht zu glauben, daß Paneuropa, wenn nicht gar die Weltunion, eigentlich schon vor dem Kriege fix und fertig dastand und

---

[34] Für den Funktionalismus als Theorie internationaler Beziehungen entsteht eine friedliche Weltordnung durch die pragmatische Zusammenarbeit von Staaten in unterschiedlichen, zumal technologischen und wirtschaftlichen „Funktionsbereichen" mittels Vereinbarungen und zwischenstaatlicher Institutionen. Ein Grundlagentext dieser Denkschule ist der Band von David Mitrany, *A Working Peace System*, Chicago 1966, dessen titelgebender Beitrag bereits erstmals 1943 erschienen ist. Der funktionalistische Ansatz wird mit Bezug auf das europäische Integrationsgeschehen in den 1950er Jahren durch Ernst B. Haas in dessen Buch *The Uniting of Europe*, Stanford 1958, als Neo-Funktionalismus weiterentwickelt.

nur noch der Name fehlte. Aber es fehlte eben das Wesentliche: Die Haager Abrüstungskonferenz war gescheitert, von einer politischen Union konnte keine Rede sein, und so konnten uns all die schönen 86 zwischenstaatlichen Institutionen nichts helfen, der Weltkrieg mußte ausbrechen" (Huberman 1932: 81f).

Diese Sicht und Einschätzung führt Huberman dazu, einen umfassenderen politischen Ansatz zu wählen. Dabei argumentiert er nicht gegen funktionale Teilschritte, wie etwa die Schaffung einer Zollunion, hält diese aber ohne Einbettung in übergreifende wirtschaftliche und politische Integrationsschritte für weder machbar noch für tragfähig.

In seiner Rede vor dem Paneuropa-Kongress 1926 (die als ein Kapitel in die Programmschrift *Vaterland Europa* integriert ist), umreißt er diesen erweiterten politischen Ansatz. Dabei betont er, dass es jenseits aller Zielbeschreibungen von größter Wichtigkeit sei, dass sich die Paneuropa-Bewegung über den *zu wählenden modus procedendi* verständige. Huberman thematisiert mithin die Kernfrage, die Integrationsbestrebungen zu allen Zeiten beherrschte: den Zusammenhang von „Integration als Ziel" und „Integration als Prozess". Er greift damit auch einer Diskussion voraus, die dann nach dem Zweiten Weltkrieg erneut intensiv geführt wurde. Die zu seiner Zeit in der europäischen Einigungsbewegung virulenten Vorstellungen über Ziele und Teilschritte problematisiert er wie folgt: *„Das bedeutet aber ebenso viele Probleme und zwar Europäische Zollunion, Währungsunion und Rechtsangleichung, Abrüstung der nationalen Armeen, Aufstellung einer übernationalen Armee, wirklichen Minderheitenschutz, Unsichtbarmachung der Grenzen und als Krönung des Ganzen politische Union. Nun ist es auch dem größten paneuropäischen Optimisten klar, daß dieses gewaltige Gebäude nicht auf einmal völlig gerüstet aus dem Fußboden gestampft werden kann, wie Pallas Athene aus dem Haupte des Zeus entsprang. Man wird also schrittweise vorgehen müssen. Wenn ich mir die einzelnen Probleme gleichsam über einander geschichtet denke,* *und zwar zu oberst das scheinbar leichteste und brennendste, nämlich die Zollunion, zu unterst das schwerste, nämlich die militärische und politische Union, so würde ich die Frage stellen: Wie sollen wir vorgehen, vertikal, d. h. gleichzeitig ein Stück von jedem Problem in Angriff nehmen, oder aber horizontal, d. h. an die getrennte, dafür aber gänzlich Lösung des zu oberst liegenden Problems, also Zollunion herangehen, und erst nach ihrer Vollendung das nächste Problem herannehmen usw., bis zum Schluß das unterste, die politische Union drankäme?"* (Huberman 1932: 68ff).

Hubermans Antwort lautet: *„Wir müssen Paneuropa organisch aufbauen. Die einzelnen Probleme dürfen vom gesamten paneuropäischen Fragenkomplex nicht zeitlich gesondert behandelt werden. Insbesondere ist die Zollunion ohne gleichzeitige politische Union undurchführbar. Aber auch im Falle der Durchführbarkeit würde sie die über Europa hängenden Gefahren nicht bannen. In Verbindung mit politischer Union bedeutet Zollunion keine Stellungnahme für oder gegen Freihandel, sondern ist ein Bekenntnis gegen europäische Binnenzölle. Die einzelstaatliche europäische Abrüstung bedeutet keine Stellungnahme für oder gegen den Weltpazifismus, sie ist eine Konsequenz aus der Erkenntnis, daß innereuropäische Conflagrationen keine Kriege mehr, sondern Bürgerkriege sind"* (Huberman 1932: 84f).

Mit dieser integralen Konzeption eines in mehreren Feldern gleichzeitig zu entwickelnden Integrationsprozesses und seiner Vorstellung, das vereinte Europa *organisch* aufzubauen, bewegt sich Huberman in einer integrationsgeschichtlichen Tradition, die später im europawissenschaftlichen Diskurs als Föderalismus bzw. Neoföderalismus firmiert.[35] Im Ge-

---

[35] Die integrationstheoretische Debatte zum (Neo-)Föderalismus wie auch die politische Debatte über eine bundesstaatliche Ordnung Europas ist vielschichtig und hat

gensatz zu einzelnen föderalistischen Denkmodellen, in denen die Europäische Einigung eines einmaligen politischen Gründungsaktes und eines großen konstitutionellen Wurfs bedarf, folgt Huberman allerdings einem prozesshaften Verständnis.

Mit der institutionellen Architektur seines *Vaterlands Europa* setzt sich Huberman nicht im Detail auseinander. D.h. politische Organisations- oder Organfragen, wie sie etwa in den Entwürfen der Paneuropa-Union zu einer „Bundesordnung" diskutiert wurden, greift er nicht auf. Hier verweist er nur sehr allgemein auf sein Referenzmodell USA und deren föderale Verfassung. Auch die geografische Reichweite und der mitgliedstaatliche Teilnehmerkreis seines *Vaterlands Europa* werden von Huberman in seinen programmatischen Schriften nicht im Einzelnen thematisiert. Dass sich Huberman gleichwohl mit dieser Frage beschäftigte und sich mit der „offiziellen" Position der Paneuropa-Union auseinandersetzte, die einen Mitgliederkreis aller europäischen Staaten ohne die Empire-Macht Großbritannien vorsah,[36] geht aus dem Schriftwechsel mit Coudenhove-Kalergi hervor. Huberman vertrat zunächst die Auffassung, Großbritannien in das Paneuropa-Projekt einzubeziehen. Er lässt sich aber von seinem Briefpartner überzeugen, dass allein schon die Beratungen

---

zahlreiche Vertreterinnen und Vertreter. Die Bandbreite reicht, um nur zwei exemplarische Beispiele zu nennen, von wissenschaftlichen Beiträgen zu einem föderal verfassten Europa (C.J. Friedrich 1972) bis zu politischen Konzepten einer bundesstaatlichen Finalität der EU (Joschka Fischer 2001).

[36] Es mutet wie eine bittere Ironie der Geschichte an, dass die geopolitische Konfiguration der Welt nach dem Ende des Ersten Weltkriegs durch die gegenwärtigen Debatten um die britische (Nicht-)Mitgliedschaft in der EU geistert: Die Paneuropabewegung der 1920er Jahre bezog Großbritannien aufgrund des britischen Empires nicht in die kontinentaleuropäischen Einigungsbestrebungen ein. Heute hängen Brexiteers, von imperialen Phantomschmerzen geplagt, der Vorstellung von einem „global Britain" an, das, vom „EU-Joch" befreit, durch die Reaktivierung seiner Beziehungen zur alten Commonwealth-Welt zu neuer wirtschaftlicher Blüte und politischer Größe kommen werde.

über eine Zollunion zeigten, „(...) dass England nicht Mitglied eines europäischen Zollvereins sein kann, da es sonst seine Vorrechte in den Dominions mit den kontinentalen Nationen teilen müsste. Diese Einschränkung scheint mir von größter Bedeutung für alle die, welche glauben, dass England sich darum reißt, Mitglied von Paneuropa zu werden" (Brief Coudenhove-Kalergis vom 26. Februar 1929, Huberman Archiv, Tel Aviv). Huberman, dem diese Begründung einleuchtet, betont, dass es gerade deshalb einen Unterschied mache, *„(...) ob sich Paneuropa England verschließt, oder ob es Englands begründete Reserve mit Verständnis quittiert"* (Brief Hubermans vom 15. März 1929, Huberman Archiv, Tel Aviv).

Zu einer weiteren Strukturfrage von grundlegender integrationspolitischer Bedeutung, der Verteidigungspolitik, schwebt Huberman eine Stufenlösung vor: *„Abrüstung der Nationalarmeen, Errichtung einer übernationalen europäischen Armee, (...) Verankerung des darauf wiedererwachenden Vertrauens in einem festen europäischen Bundessystem, das sich unter der Sanktionsmacht der europäischen Bundesarmee als ein genügend starker Schutzwall gegen Auswüchse des Ehrgeizes von politischen Va-banque-Spielern erweisen müsste"* (Huberman 1932: 54).

Indirekte Antworten auf Fragen der politischen Architektur Paneuropas finden sich in Hubermans Reflexionen über *Grenzen*. An verschieden Stellen seines publizistischen Wirkens kommt er – teils pathetisch-visionär, teils historisch und politisch argumentierend – auf *Grenzen* zu sprechen und macht die Grenzproblematik zu einem Ausgangspunkt seiner Überlegungen über eine Europäische Friedensordnung.

Auch bei der Behandlung des Themas *Grenzen* folgt Huberman einem stilistischen Prinzip und Argumentationsschema mit dem er in seinen Reden und Schriften seine Gedankengänge in der Regel aufbaut; nämlich zunächst allgemeinverständliche Beispiele anzuführen und diese ethisch-moralisch zu bewerten:

„Wo es keine Grenzen gibt, da gibt es auch keine Kriege, und latenter Haß mildert sich bis zur Verträglichkeit. Über die Grenze schießen ist erlaubt – man nennt es Patriotismus, Bürgerpflicht, Heldentat, und sitzt der Schuß besonders gut, so wird er mit Orden, Pensionen, Standeserhöhungen belohnt. Innerhalb der Grenzen schießen heißt dagegen Mord und Todschlag, ist polizeilich verboten, wird mit Zuchthaus oder durch den Galgen bestraft und statt der Standeserhöhung droht einem Verlust der bürgerlichen Ehrenrechte. Dabei ist es gleichgültig, ob der Schuß Freund oder Feind, dem Stammesbruder oder Fremden galt. Das einzige Unterscheidungsmerkmal für die Frage, ob es sich um eine Heldentat oder ein gemeines Verbrechen handelt, ist die Landesgrenze" (Huberman 1925: 16).

Einer illustrierenden Hinführung auf ein zu lösendes Problem lässt Huberman dann Argumentationsschritte folgen, die den Sachverhalt analytisch vertiefen und – meist unterfüttert durch historische Beispiele – in Lösungsvorschläge münden. Diesem Argumentationsschema folgend führt er weiter aus:

„Es handelt sich also um Interessen und nicht um Gefühle bei der Entscheidung über Krieg und Frieden. Und die Interessen werden nicht von Volks- oder Rassefragen diktiert, sondern durch Machtfragen, die natürlich erst durch Grenzziehung zwischen den Staaten entstehen. Zum Beispiel haben sich die Deutschen und Franzosen – durch Staatsgrenzen getrennt – im Laufe der Jahrhunderte in wechselnder Gruppierung bekämpft. Dieselben Völkerschaften – im Schweizer Staat innerhalb einer Grenze vereinigt – vertragen sich seit ebenso vielen Jahrhunderten friedlich. Und die durch Staatsgrenzen getrennten Bayern, Hannoveraner, Österreicher, Preußen usw. ebenso wie der Neapolitaner, Savoyarden usw., sie alle fanden es bis in die Mitte des 19. Jahrhunderts hinein genauso natürlich, trotz Stammesbruderschaft gegeneinander zu kämpfen, wie sie seit Errichtung des gemeinsamen deutschen Reiches bzw. italienischen

Königsreiches die Zumutung zu einem Krieg untereinander als Landesverrat brandmarken würden. Man sage mir nicht, daß ich hier mit dialektischer Spitzfindigkeit die Ursache mit der Wirkung verwechsle. Es sind die Grenzen gewesen. (...) Und so sage ich: Schaffet die politischen Grenzen zwischen Deutschland, Polen, Frankreich, Italien usw. ab, und es wird sich auch zwischen ihnen der psychologische Prozeß der Suggestivwirkung entwickeln, die von einer gemeinsamen Staatlichkeit ausgeht. Und manches europäische Problem, das heute ohne Krieg unlösbar erscheint, dessen kriegerische Lösung aber auch nur ein Unrecht durch ein anderes ersetzen könnte, wird sich von selbst auflösen, wenn die heutigen politischen Grenzen zu der Bedeutungslosigkeit lokaler Verwaltungsbezirksgrenzen herabsinken" (Huberman 1932: 28ff).

Versucht man diesen politischen Baustein der Huberman'schen Europakonzeption, also den Zusammenhang von Grenzen und Krieg, von Grenzüberwindung und Europäischer Einigung kritisch zu würdigen, so fällt zunächst auf, dass sich Huberman wohl selbst bewusst ist, wie gewagt seine Ursachenanalyse und wie kühn sein Lösungsvorschlag ist, wenn er betont: „*Man sage mir nicht, daß ich hier mit dialektischer Spitzfindigkeit die Ursache mit der Wirkung verwechsle" (Huberman 1932: 28).* Er arbeitet zweifellos in analytisch scharfsinniger Weise heraus, dass in erster Linie „Interessen" und „Machtfragen" und nicht „Gefühle" und „Volkszugehörigkeiten" die tieferen Ursachen von Kriegen und territorialen Konflikten sind. Wie an „Interessen" anknüpfend ein Prozess gestaltet werden könnte, der Grenzen überwindet, konkretisiert Huberman, wie nachfolgend beschrieben, im Rahmen seines Stufenmodells zu einer politisch eingebetteten Zollunion. Wie indes die Aufhebung der Grenzen als staats- und völkerrechtliche Herausforderung politisch gehandhabt und gestaltet werden soll, wird von ihm nicht eingehender thematisiert. Aus heutiger Sicht und in Kenntnis der realen politischen Entwicklungen, die dann im weiteren Verlauf der 1930er Jahre eintreten sollten, bleiben unweigerlich Rückfragen an die Ratio seines Modells, das Grenzfragen vorrangig in den Kategorien von „Interesse" und „Macht" behandelt und der Wirkungsmächtigkeit von „Gefühlen" eine nachrangige Bedeutung zuweist. Auch wenn Huberman die in zahlreichen Ländern Europas latent vorhandenen oder manifesten nationalistischen und chauvinistischen Ressentiments wohl wahrgenommen hat, unterschätzt er deren „irrationales" Potential und deren leichte Mobilisierbarkeit. Blickt man dabei insbesondere auf Deutschland, so zeigt sich, dass in weiten Teilen der Bevölkerung wie der Eliten der Erste Weltkrieg und seine Folgen als kollektive Kränkung erfahren wurden und fortwirkten. Teil dieser kollektiven Kränkung waren nicht zuletzt auch Gebietsverluste und „Grenzfragen", die wiederum einen Nährboden für eine revanchistische Politik (gegen das „Versailler Diktat") schufen, die dann mit der Machtergreifung Hitlers ihren verhängnisvollen Lauf nehmen sollte.

Die ökonomische Dimension

In Hubermans Schilderung seines *Wegs zu Paneuropa*, der ihn – im doppelten Wortsinne – über die Vereinigten Staaten von Amerika führt, ist die Ökonomie von zentraler Bedeutung.

Folgt man Hubermans Gedankengängen entlang seiner ökonomischen Begründungsachse eines vereinten Europa, so bildet die europäische Wirtschaftsgeografie einen ersten Themenkomplex, dem er sich widmet. Zur wirtschaftsgeografischen Lage, die in Europa durch den Wandel des europäischen Staatensystems in Folge des Ersten Weltkriegs entstanden ist, führt Huberman aus:

„Von größter Wichtigkeit für Paneuropa ist (...) der Umstand, daß der sonst verabscheuungswürdige Weltkrieg durch die Befreiung Finnlands und der tschechischen Nation sowie die Wiederaufrichtung Polens wenigstens die schreiendsten Verbrechen aus der Blütezeit europäischer Raub-

und Diebstahlspolitik wieder gutgemacht hat. Sonst würde Paneuropa für die bei lebendigem Leibe begrabenen Staaten eine Gefahr, für die Nutznießer dieser Verbrechen ein Hilfsmittel zur Verewigung dieses schmachvollen Zustandes bedeutet haben" (Huberman 1925: 31).

Demgegenüber sind die Pariser Vorortverträge unter ökonomischen und wirtschaftsgeografischen Gesichtspunkten für ihn eine schwere Hypothek, deren Bewältigung er letztlich wiederum nur in einem europäischen Zusammenschluss sieht:

„Die ökonomischen Sünden von Versailles und St. Germain (...) sind noch schwerwiegenderer Natur. Für jeden, der zu sehen versteht, müssen die durch die angeführten Friedensverträge in den österreichisch-ungarischen Nachfolgestaaten wie auch in den russischen Randstaaten angerichteten wirtschaftlichen Verwüstungen einem akuten Anreiz für die Verbreiterung von Wirtschaftsgebieten bilden, also letzten Endes für Paneuropa. Der am grünen Tisch durch blinden Chauvinismus, falsche Theorien und ökonomische Ignoranz angerichtete Schaden ist unvergleichlich größer gewesen als der durch unmittelbare Kriegszerstörungen verursachte. Ganze blühende einheitliche Wirtschaftsgebilde, die in ihrer damaligen Gestalt fast durchwegs ein natürliches Parallelogramm der auf sie einwirkenden geographischen und wirtschaftlichen Kräfte bildeten, wurden mit einem Federstrich auseinander gerissen. (...) Wenn man die Schlußfolgerung aus dem jetzigen Elend dieser früher blühenden Gegenden zieht und sie auf das übrige Europa anwendet, so ergibt sich mit zwingender Gewalt von neuem die Tatsache: Zwergwirtschaft bedeutet Armut; Großbetrieb dagegen Wohlstand" (Huberman 1925: 31ff).

Ein zweites Themenfeld mit dem er sich beschäftigt und aus dem heraus er seine Begründung einer ökonomischen Integration Europas ableitet, sind die in Folge des Ersten Weltkriegs entstandenen Schuldenabhängigkeiten und Kreditlasten der europäischen Staaten gegenüber den USA. Hier verbinden sich seine Vorstellungen über die produktivitäts- und wachstumssteigernden Vorteile eines großen integrierten Marktes, die er als Voraussetzung begreift, der Schuldenlast Herr zu werden, erstmals auch mit der Vorstellung der „Selbstbehauptung Europas" durch Integration. Dieser Ansatz steht für ihn nicht im Widerspruch zu US-amerikanischen Interessen. Vielmehr sieht er darin – zumal auch in längerfristiger, weltwirtschaftlicher Perspektive – für beide Seiten eine win-win-Situation: *„Sollte uns das Wunder gelingen, das Schicksalsschiff Europas durch die Skylla des nächsten Krieges und die Charybdis des lauernden Bolschewismus glücklich hindurchzusteuern, so harrt unser die Versklavung durch Amerika. Schon heute sind die europäischen Nationen zu Tributpflichtigen Amerikas geworden. Daß sich die Europäer freiwillig, durch immer lautere Kredit-Betteleien, in diesen Zustand hineinbegaben, ändert nichts an der Sache. Dabei werden die wachsende Kreditnot und die Unmöglichkeit industrieller Konkurrenz mit Amerika unrettbar einen circulus vitiosus verursachen. Europa könnte die horrenden Zinsen von 8 bis 14 Prozent, mit denen die europäischen Staaten und die Industrie die amerikanischen Schulden und Kredite verzinsen müssen, wenn überhaupt, dann nur durch vergrößerten Absatz auf den Weltmärkten hereinbringen. Auf diesen Weltmärkten aber begegnet es seinem amerikanischen Geldgeber, gegen dessen Konkurrenz aufzukommen es Europa mit seiner unrationellen Produktionsmethode immer schwerer fallen wird. Der Augenblick ist nicht mehr fern, wo in Amerika die Erkenntnis aufdämmern wird, daß es von Europa in seiner heutigen ökonomisch-politischen Struktur niemals auch nur einen angemessenen Bruchteil seiner Schulden wird eintreiben können. Von diesem Zeitpunkt an werden die Interessen Amerikas mit denen der paneuropäischen Bewegung identisch sein. Denn so schwer den einzelnen europäischen Staaten die Verzinsung und Tilgung der amerikanischen Schulden wird, so leicht würde es dem in kurzer Zeit reich gewordenen Paneuropa fallen. Wir Paneuropäer müssen dafür sorgen, daß diese Erkenntnis sich so schnell wie möglich in Amerika Bahn* *bricht. Ich bin gewiß, daß Amerika alsdann ebenso energisch und erfolgreich die Initiative in der Richtung der Vereinigten Staaten von Europa ergreifen würde, wie es den Dawesplan ins Leben rief. Ein florierendes Paneuropa liegt auch sonst nur im Interesse Amerikas. Die gelegentliche Einbuße der amerikanischen Monopolstellung auf einigen wenigen Gebieten der Industrie würde durch vergrößerte Konsumfähigkeit Europas für andere amerikanische Produkte reichlich wettgemacht werden"* (Huberman 1925: 28f).

Die mit dieser weitsichtigen Problemanalyse verbundenen Erwartungen blieben unerfüllt. Erst nach dem Zweiten Weltkrieg sollte möglich werden, was Huberman beschreibt und fordert; nämlich ein Europa, das allein schon aus Gründen der ökonomisch-politischen Selbstbehauptung Einigungsschritte unternimmt und eine US-amerikanische Politik, die im wohlverstandenen Eigeninteresse den europäischen Wiederaufbau (u.a. durch den Marshall-Plan) unterstützt und als „wohlwollender Hegemon" die europäische Einigung fördert.

Ein drittes großes Themenfeld, mit dem sich Huberman intensiv auseinandersetzt, ist die Zollunion. Die Schaffung einer Zollunion beherrschte, wie in Kapitel 2 beschrieben, die europapolitischen Debatten der gesamten Zwischenkriegszeit und rückte gegen Ende der 1920er Jahre auch auf die Tagesordnung der Politik.

Grundsätzlich befürwortet Huberman die Schaffung einer Zollunion, denn *„was die Erweiterung des Wirtschaftskörpers im Zeitalter der fortschreitenden übernationalen technischen Arbeitsteilung für die Wohlfahrt des Landes bedeutet, das zeigt nicht nur der märchenhafte Aufschwung der Vereinigten Staaten, sondern ebenso überzeugend die blühende Entwicklung Deutschlands nach Errichtung des deutschen Zollvereins. Somit wäre allein vom wirtschaftlichen Standpunkt aus der Gedanke einer europäischen Zollunion als erstem Schritt zu Paneuropa zu begrüßen"* (Huberman 1932: 71).

Scharfsinnig und weitblickend thematisiert er indes die politischen Voraussetzungen und die möglichen Barrieren eines solchen – zunächst eher technisch-wirtschaftlich anmutenden – Projekts: *„Die Zollfrage hat nicht nur eine wirtschaftliche, sie hat auch eine politische Seite von vitaler Bedeutung. Sie berührt nämlich unmittelbar den Lebensnerv der Landesverteidigung"* *(Huberman 1932: 71)*. Hier argumentiert Huberman unter dem Eindruck des Ersten Weltkriegs, dass der moderne Krieg *„(...) nicht mehr von Armeen, sondern von Völkern gegen Völker"* geführt werde und dabei *„nicht mehr allein die Tragweite und Durchschlagskraft der Geschosse"* *(ebd.)* für den Ausgang eines Krieges entscheidend sei, sondern das gesamte wirtschaftliche Potential eines Landes und die Mobilisierbarkeit aller gesellschaftlichen Ressourcen. Deshalb wäre *„(...) die ideale Militärnation (...) also diejenige, welche vollkommene Wirtschaftsautarkie hätte"* *(Huberman 1932: 72)*. Und deshalb würden die Staaten zu künstlichen Mitteln – Schutzzöllen, Steuererleichterungen, Subventionen oder Ausfuhrprämien – greifen, um eine industrielle Basis zu sichern, die kriegswirtschaftlich relevant ist. *„Diese Industrien würden in der europäischen Zollunion natürlich sofort eingehen. Sicherlich zum Nutzen aller Beteiligten, denn an deren Stelle würde dafür manche andere natürlich gewachsene Industrie, befreit von den Zollhemmungen des bisherigen Auslandes, nunmehrigen Inlandes, einen Aufschwung nehmen, der zur Absorbierung der durch die eingegangene Industrie entlassenen Arbeiter führen würde. Aber gerade diese gefährdeten Industrien braucht der Staat im Kriege, sonst würde er sie ja im Frieden nicht mit schweren Opfern künstlich züchten. Nun frage ich Sie, wie könnte man einem verantwortlichen Staatsmann zumuten, daß er um eines wirtschaftlichen Vorteils willen sein Land von der Verfügung über einen Industrieartikel entblöße, den es vielleicht morgen für die Kriegführung benötigen würde? Doch nur dann, wenn man ihm zugleich die Gewähr bieten würde, daß ein Krieg künftig ausgeschlossen sei. Diese absolute Gewähr kann nicht nur auf irgendeinem Fetzen Papier und auch nicht einmal im Geist von Locarno* *begründet werden, so begrüßenswert, ja beglückend diese ersten Ansätze politischer Vernunft auch sind. Die Friedenssicherung ist nur durch Abbau, bzw. Unsichtbarmachung der Grenzen zu erreichen, also durch politische Union" (Huberman 1932: 72f).*

Mit dieser Sicht wendet sich Huberman gegen „funktionalistische" Vorstellungen, denen zu Folge eine Zollunion ein Integrationsschritt im Bereich der „low politics" und eine deshalb leicht zu realisierende Integrationsstufe wäre, der dann quasi „automatisch" weitere folgen könnten.

Er argumentiert, dass sich die Staaten auf *„eine Gefährdung der industriellen Rüstung durch Öffnung der Zollgrenzen nicht einlassen"* würden, dass *„somit der Versuch einer europäischen Zollunion ohne gleichzeitige politische Union von vornherein zum Scheitern verurteilt (wäre)" (Huberman 1932: 76f)* und dass aus *„dem Scheitern einer Zollunion als eines der paneuropäischen Probleme erst recht auf die Unmöglichkeit der Realisierung des Gesamtproblems (geschlossen würde)" (ebd.: 79).*

Seine Sicht, wonach nationalstaatliche Sicherheitsinteressen mit kriegswirtschaftlich motivierten industriellen Interessen und einem ökonomischen Merkantilismus Hand in Hand gingen, unterfüttert er mit historischen Beispielen und detaillierten zeitgenössischen Beobachtungen.

Zunächst setzt er sich mit Einwänden auseinander, die seiner Ablehnung des Projekts einer Zollunion ohne Politische Union entgegengehalten werden könnten, *„(...) z. B. die scheinbare Analogie der europäischen Zollunion mit dem Deutschen Zollverein, oder dem Zollbund zwischen Piemonte, Rom und Toscana, die beide auch unabhängig von militärisch-politischer Bindung entstanden waren. Das war im Jahre 1834 bzw. 1847 möglich. Damals wurden die Kriege nur von kleinen Armeen und nicht von ganzen Völkern geführt, und die Ausrüstung bestand hauptsächlich aus Waffen und nicht zugleich aus der gesamten nationalen Produktion.*

Daher wurde die Kriegsbereitschaft der Mitglieder des Deutschen Zollvereins resp. Italienischen Zollbundes gegeneinander durch den Zollverein kaum berührt. In diesem Zusammenhang eröffnen sich für die Paneuropäer geradezu ungeheuerliche Perspektiven, wenn ich Sie zum Beweise meiner These an die Tatsache erinnere, daß der Zollverein, den Sachsen, Hannover, Württemberg, Bayern usw. mit Preußen usw. 1834 und in den nachfolgenden Jahren geschlossen haben, ihre Mitglieder nicht im geringsten gehindert hat, im Jahre 1866 gegeneinander Krieg zu führen! Auch der italienische Dreistaaten-Zollverein hat spätere Feindseligkeiten unten seinen Mitgliedern nicht verhindert!" (Huberman 1932: 79f).

Auch bei der Darlegung der zollpolitischen Probleme und wirtschaftspolitischen Barrieren, die Huberman im Europa seiner Gegenwart sieht, greift er zunächst historisch aus:

„Selbst Adam Smith, dieser scharfsinnige und erbarmungslose Bekämpfer jeder Form von obrigkeitlicher Reglementierung des Handels, läßt eine Ausnahme gelten: Schutzzoll für jene Zweige von Industrie und Landwirtschaft, die der Kriegführung dienen sollen. Zu seiner Zeit, vor 200 Jahren, konnte man eine solche Auswahl treffen. Heute, wo die gesamte Landesproduktion zur Kriegsführung gebraucht wird, ist dies unmöglich. Die Völker sind sich dieser Autarkiebedürfnisse des Krieges erst im Weltkriege so recht bewußt geworden. Der Merkantilismus unserer Zeit, über den alle klagen, ist daher kein Zufall und auch nicht bloß etwa ein Ausfluß des Ressentiments gegenüber früheren Kriegsgegnern, er ist eine unmittelbare Konsequenz aus den Erfahrungen des Weltkrieges. In dieser Beziehung bildet England ein lehrreiches Beispiel. Bis zum Jahre 1914 eine Hochburg des Freihandels, machte England während des Krieges die unangenehme Entdeckung, daß es für die Erzeugung einiger zur Kriegführung unentbehrlicher Artikel nicht gerüstet sei" (Huberman 1932: 76).

Mit beeindruckender Detailkenntnis legt Huberman dar, worin die britische Abhängigkeit von Rohstoffen und Vorprodukten (zumal aus

Deutschland) bestand und wie diese Erfahrung im Jahre 1921 zum *Safeguarding of Industry Act* führte, einem Gesetz, das *„(...) eingestandenermaßen ein reines Kriegsindustrie-Schutzzollgesetz (ist) und eigentlich jenseits des prinzipiellen historischen Wirtschaftskampfes zwischen Freihandel und Schutzzoll (liegt). (...) Die Verhältnisse in den anderen europäischen Staaten liegen ähnlich, wenn auch die Einfuhrverbote und Schutzzölle nicht überall so offen als militärische Schutzzölle zugegeben werden"* (Huberman 1932: 78f).

Huberman, der in vielen integrationspolitischen Fragen Positionen vertritt, die einem idealistisch-föderalistischen Denken entspringen, entwickelt hier eine in einem doppelten Wortsinne „realistische" Sicht.

Zum einen sieht er sehr klar, die tiefer liegenden, in den Erfahrungen des Ersten Weltkriegs gründenden politisch-industriellen Barrieren einer Zollunion, zum anderen führt er Argumente an, die in der (später so genannten) „realistischen" Denkschule der internationalen Beziehungen[37] eine zentrale Rolle spielen; darunter die Dominanz nationaler Sicherheitsinteressen und das Denken in den Kategorien von Machtgleichgewichten und militärischer Abschreckung.

„Wir erleben es seit der ersten Haager Friedenskonferenz immer wieder, auf welche Schwierigkeiten schon die rein militärische Abrüstung stößt, trotzdem dieselbe bei loyaler proportioneller Durchführung und gegenseitiger Kontrolle das rein militärische Stärkeverhältnis der Mächte nicht im geringsten verändern würde. Die wirtschaftliche Abrüstung jedoch würde das Kräfteverhältnis stark verschieben, da sie proportionell gleich-

---

[37] Die politikwissenschaftliche Denkschule des Realismus betrachtet das internationale System als strukturell anarchisch und maßgeblich durch das Streben der Staaten nach Selbsterhaltung und Machterweiterung geprägt. Ein grundlegendes Werk der realistischen Theorie der internationalen Beziehungen ist Hans J. Morgenthau, *Politics among Nations. The Struggle for Power and Peace*, New York, 1948.

mäßig gar nicht durchführbar ist: Fortgeschrittene Staaten mit gleichmäßig entwickelter natürlicher Wirtschaft würden weniger schwer getroffen als Staaten, die z. B. nur einseitig agrarisch entwickelt sind. (...) Die einzige halbwegs wirksame Kriegshemmung, die wir heute in Europa haben, nämlich die Gewißheit der gegenseitigen Vernichtung, würde auf diese Weise entfallen. Somit wäre der Versuch einer europäischen Zollunion ohne gleichzeitige politische Union von vornherein zum Scheitern verurteilt" (Huberman 1932: 76).

Mit dem letzteren Argument, einer allein schon aus sicherheitspolitischen Gründen zwingenden Einbettung einer Zollunion in eine Politische Union, verlässt Huberman freilich das Terrain des „Realismus" und begibt sich erneut auf „föderalistischen" Boden, in dem letztlich seine Vorstellung eines *organisch* in mehreren ökonomischen und politischen Dimensionen voranzutreibenden Einigungsprozesses wurzelt.

„Wenn wir uns die großen Produktionszentren näher ansehen, so werden wir finden, daß auch im heutigen Europa in den konkurrenzfähigen Betrieben kein Schornstein, keine Lokomotive, keine Dynamomaschine mehr als 10, 15 Jahre zählt. Diese Spanne Zeit ist für die europäische Wirtschaft ausreichend, um sich organisch, ohne jede künstliche Erschütterung, auf die paneuropäische Massenproduktion umzustellen. Der natürliche Ansporn hierzu müßte von der Zollpolitik der paneuropäisch gesinnten Staaten ausgehen. Hand in Hand mit dem Ausbau der politischen und kulturellen paneuropäischen Institutionen müßte der Abbau der Zölle vor sich gehen, also keineswegs allein für sich und nicht ohne Übergang. Auf Grundlage der bestehenden Handelsverträge und der autonomen Zollsätze, welche das klarste Spiegelbild der noch bestehenden wirtschaftlichen Schutzbedürftigkeit der Einzelstaaten abgibt, sollte ein Zollplan auf so viele Jahre aufgestellt werden, als für den politischen Aufbau Europas und die Rationalisierung seiner Wirtschaft nötig sind, etwa 10 bis 15

Jahre. Während dieser Zeit sollten die Zollsätze automatisch um ein Zehntel bis Fünfzehntel, d. h. 6 bis 10 Prozent pro Jahr fallen. Auf diese Weise wäre das politische und soziale Risiko einer vorzeitigen wirtschaftlichen Abrüstung und Erschütterung vermieden und andererseits der Umbau Europas gleichzeitig auf politischem und wirtschaftlichem Gebiet vollzogen" (Huberman 1932: 83f).

Mit diesem Szenario und Verfahrensvorschlag unterscheidet sich Huberman deutlich vom Mainstream zeitgenössischer Pläne zur Errichtung einer Zollunion. Zwar geht auch er, anderen Konzepten vergleichbar, von einem über mehrere Jahre gestreckten stufenweisen Abbau der Zölle aus. Aber dieser Stufenprozess hat bei ihm zugleich zwei politische Bezugshorizonte und Voraussetzungen, die weit über zolltechnische und handelspolitische Fragen hinausgreifen und die nach seiner Sicht letztlich über die Verwirklichung einer Zollunion und über den Umsetzungszeitrahmen entscheiden; nämlich die umfassende Umstellung der nationalen Volkswirtschaften auf die Erfordernisse des paneuropäischen Wirtschaftsraums und der Aufbau gemeinsamer europäischer Institutionen.

Blickt man aus heutiger Sicht auf die wirtschaftlichen und politischen Entwicklungen der Zwischenkriegszeit, so zeigt sich, dass Huberman mit seinem Kernargument eines sicherheitspolitisch motivierten Protektionismus, (der im Zuge der Weltwirtschaftskrise durch ökonomische Interessenkalküle zusätzlich verstärkt wurde), tatsächlich eine der wesentlichen Ursachen für das damalige Scheitern einer Zollunion benannt hat. Müßig sind Spekulationen darüber, ob diese von Huberman zutreffend analysierte Barriere durch seinen *organischen* Ansatz hätte überwunden werden können. Denn die 1930 begonnenen Verhandlungen über eine Europäische Bundesordnung gerieten, wie in Kapitel 2 gezeigt, bereits früh ins Stocken. Sie blieben, obwohl sie noch bis 1937 weitergeführt wurden, ohne Ergebnis. Damit gab es auch keinen „Testlauf" für eine europäische Ordnung, die – so die ursprünglichen Vorstellungen der Briand-Initiative

– weitere Politikbereiche, darunter Verkehr, Bildung und Soziales im Sinne von Hubermans *organischem* Ansatz einbezogen hätte.

Zu einem wirklichen „Realitätstest", in dem sich einige der zentralen Gedanken Hubermans bewähren sollten, kam es erst nach dem Zweiten Weltkrieg. In der 1958 gegründeten Europäischen Wirtschaftsgemeinschaft (EWG) wurden die Zölle in einem zehnjährigen Stufenprozess abgebaut und zwar im Verbund mit Integrationsschritten in weiteren Politikfeldern (Energie-, Agrar-, Außenhandels- und Beschäftigungspolitik) und vermittels gemeinsamer europäischer Organe.

Die kulturelle Dimension und die europäische Mentalität

Neben der Ökonomie, die im Zentrum seines Europa-Entwurfs steht und der Politik bildet die Kultur das dritte große Themenfeld, das Huberman in seinen Schriften – Thema con variationi – behandelt.

Sein Blick richtet sich dabei auf kulturpolitische Fragen im engeren Sinne, vor allem aber auf jenen Komplex, der bis in unsere Gegenwart hinein unter der Rubrik „kulturelle Identität Europas" die integrationspolitische Debatte beherrscht. Gerade die jüngere Geschichte der Europäischen Union lehrt, dass Fragen nach den kulturellen Grundlagen der europäischen Einigungspolitik und nach einer „kollektiven europäischen Identität" immer dann virulent werden, wenn die ökonomische und funktionalistische Integrationslogik an ihre Grenzen stößt, wenn das europäische Integrationsprojekt vor grundlegenden Weichenstellungen der Vertiefung oder der Erweiterung steht oder wenn es sich in einer Krise befindet, in der Grundsatzfragen des demokratischen Regierens, der gesellschaftlichen Akzeptanz und der Legitimation der EU den öffentlichen Diskurs beherrschen (Hinnenkamp und Platzer 2013: 11ff).

Während in den gegenwärtigen integrationspolitischen Debatten hauptsächlich mit dem Begriff und Konzept der „Identität" gearbeitet wird, verwendet Huberman den Begriff der „Mentalität", um sich mit der Frage von kollektiven Dispositionen, Denkhaltungen, kulturellen Prägungen, Einstellungen und Verhaltensmustern auseinanderzusetzen.

Knapp und klar postuliert er: *„Das Paneuropa der Mentalität existiert (...). Man hat versucht, es für die Bedürfnisse des Krieges künstlich in Stücke zu reißen, aber trotz der redlichsten Bemühungen unredlichster Menschen ist dieser geistige Meuchelmord nie ganz gelungen"* (Huberman 1925: 20).

Auch hier illustriert und unterfüttert er seine Sicht eines *„tatsächlichen Bestehens gemeinsamer europäischer Kulturbande"* zunächst mit Beispielen der Zeitgeschichte und mit persönlichen Erfahrungen:

„Das deutsche Theater unter Max Reinhardts Leitung unternahm während des Krieges staatlich subventionierte Propagandareisen ins neutrale Ausland mit Stücken des 'feindlichen' Staatsangehörigen Maxim Gorki, in Wien und Budapest wurde, während die Schlachten am Isonzo tobten, in Staatstheatern Puccini, in Pariser Konzerten Wagner und Brahms aufgeführt; ich, der Pole, führte trotz meines offiziellen Standes als feindlicher Staatsangehöriger in Berlin im Jahre 1917 das Meisterstück des Russen Taneieff, die Konzertsuite, auf, und in Paris im ersten Jahre nach dem Waffenstillstand spielte ich die Sonate des Deutschen Richard Strauss. Was aber für die Beurteilung der europäischen Mentalität noch schwerer wiegt als unsere Aufführungen, ist die Tatsache ihrer Erfolge. Das Publikum (...) war begeistert und reagierte oft mit demonstrativem Beifall. Einige schwarze Schafe, wie zum Beispiel eine Londoner Zeitung, die mich wegen meiner Wahl von Bach und Brahms im Jahre 1919 anpöbelte, oder eine Berliner Zeitung, die wegen Vortrages einer russischen Komposition dasselbe tat, fallen dabei nicht ins Gewicht. Es hat keine Zeit gegeben, auch nicht während der schlimmsten deutsch-polnischen Verhetzung, in

der man nicht deutsche Künstler in Polen und polnische Künstler in Deutschland mit Begeisterung aufgenommen hätte" (Huberman 1925: 20).

Zur weiteren Hinführung auf das Thema der kulturellen Identität wählt Huberman einen Zugang, der bei dem von tiefem Ernst und auch politischem Pathos geprägten Duktus seiner Schriften ungewöhnlich ist; er treibt ein ironisch-sarkastisches Spiel mit nationalen Stereotypen, wobei er zugleich selbstironisch sein Faible für den großen europäischen Markt auf die Schippe nimmt. Unter der Überschrift *Pan-Humor* führt er aus:

„In Paneuropa würden zum Beispiel Operetten, Walzer, Männergesangsvereine und alle goldenen Herzen aus Wien bezogen werden, Anilin-Farben, besonders die graue (für alle Theorien), Nibelungentreue, Ersatz von Surrogaten, besonders von Kaffee-Surrogaten und das Wesen, an dem die Welt genesen soll, aus Deutschland, Automobile und alle sonstigen Annäherungsversuche aus Deutschland und Frankreich gemeinsam, alle Löcher für Käsesorten und für à-jour Handarbeiten aus der Schweiz, Prager Schinken wirklich aus Prag, Kognak aus Cognac, Eau de Cologne aus Köln, die Kunst, mit den kleinsten Füßchen auf größtem Fuß zu leben, aus Polen, dagegen die schwersten Holzpantoffel für die mildeste Frauenherrschaft aus Holland, Klubs, abgenutzte Isolatoren (aus der Zeit der Splendid Isolation) sowie die neuesten Präzisions-Wagen und Gewichte (zur Aufrechterhaltung des europäischen Gleichgewichtes) aus England, alle Mäntelchen, besonders die kommunistischen für kapitalistische Betriebe, alle Konzessionen und alle Unterschiede zwischen Theorie und Praxis aus Rußland (...).

Dadurch, daß die jeweils zu dieser oder jener Produktion speziell befähigten Länder den gesamten Konsum des ganzen Europa in den betreffenden Artikeln zu decken hätten, würde eine Serienfabrikation ermöglicht, die den Preis, sagen wir eines Wiener Artikels in Paris niedriger halten könnte als dies zurzeit in Wien selbst möglich wäre. Auch der Export von

Menschen, die Emigration, würde in geregelte, spezialisierte Bahnen geleitet. Ich sehe eine Zeit kommen, in der sämtliche europäischen Armeen – eine contradictio in adjecto, da bekanntlich Paneuropa keine Armeen, sondern nur eine gemeinsame Miliz haben wird – ausschließlich preußische Vizefeldwebel, sämtliche Volksschulen nur deutsche Schulmeister anstellen, wo der gesamte Kunsthimmel Paneuropas voller polnisch-jüdischer Geiger hängen wird, wo alle Verschwörer, sowohl revolutionäre als auch gegenrevolutionäre, aus Rußland, alle Fascisten aus Italien, alle Dauerläufer aus Finnland, alle Vorkämpfer für Gerechtigkeit und die Freiheiten der Welt nebst allen Verfolgern von Spionen und Landesverrätern wie auch deren Verteidigern aus Frankreich, die Entdecker des bisher unbekannten Ost- und West-Pols aus Skandinavien, die Zigeuner für alle Restaurations-Kapellen, die Royalisten für alle republikanisch regierten Länder aus Ungarn bezogen würden" (Huberman 1925: 22f).

Für Huberman existiert bereits ein *Paneuropa der Wissenschaft und des Verkehrs*, wobei er mit Verkehr nicht nur den grenzübergreifenden Austausch materieller sondern insbesondere auch immaterieller, geistiger Güter meint.

Sein Europa der gemeinsamen *kulturellen Bande* ist auch ein Europa einer transnationalen kulturellen Identität: „*Gibt es etwas deutscheres als die Schweizer Gottfried Keller, Konrad Ferdinand Meyer, Böcklin, Stauffer-Bern, Hodler, etwas französischeres als die gleichfalls schweizerischen Jean Jacques Rousseau, Benjamin Constant, Jacques Dalcroze, Honegger?*" (Huberman 1925: 25).

Zugleich aber betont er neben dem gemeinsamen kulturellen Erbe und der „Einheit" immer wieder die „Vielfalt", weil er den Beweis führen will, dass „*(...) unsere nationalen Kulturen durch die Föderation Europas nicht nur nicht gefährdet (wären), sie würden in ihrer freien Entfaltung geradezu gefördert werden*" (Huberman 1932: 43f).

Bei einer *freiwilligen Vereinigung der Völker* und ihrem wirtschaftlichen und politischen Zusammenschluss in einem Europäischen Bundesstaat stünde zudem der „(...) *Aufnahme von besonderen Kulturkautelen in die Verfassungen der einzelnen Länder nichts im Wege. Daß dieselben, jedes geheimen imperialistischen Vor- oder Nachteils beraubt, ehrlicher beobachtet würden als die Minoritätsgesetze des Versailler Vertrages, liegt auf der Hand"* (Huberman 1925: 25f).

Besonders vehement setzt er sich mit dem Einwand auseinander, dass seine Konzeption eines wirtschaftlich geeinten Europas und seine vorrangig ökonomisch ausgerichtete Integrationsstrategie unweigerlich zu einer Einebnung der kulturellen Vielfalt führen könnte, „(...) *dass also die Forderungen der Geisteskultur mit den Forderungen der Wirtschaftskultur in einem Interessenkonflikt stehen: Hier nationale Absonderung als Materialbereicherung für das Mosaik der europäischen Künste, dort das Streben nach Nivellierung, Standardisierung, Kartellen, Trusts über die Landesgrenzen hinaus (...) Bei näherer Betrachtung stellt sich jedoch dieser Gegensatz nur als ein scheinbarer heraus. Die kulturellen Grenzen sind nicht identisch mit ökonomischen, und durch die Aufhebung letzterer werden die kulturellen Unterschiede keineswegs verwischt"* (Huberman 1925: 25).

Für Huberman bleiben in einem Paneuropa die gesellschaftlichen Besonderheiten der europäischen Nationen ebenso erhalten wie die Vielfalt ihrer Nationalkulturen.

„Als Künstler wäre ich auch der letzte, eine Nivellierung der nationalen Kulturen zu predigen. Denn alle echte Kunst wurzelt letzten Endes im nationalen Boden.

Das Schlagwort „Die Kunst ist international" muß in seiner oft mißbräuchlichen Geltung eingeschränkt werden. International ist die Kunst nur in dem Sinne, daß sie für den internationalen geistigen Konsum, für wechselseitige Anregung bestimmt ist. (...) Wenn der Künstler die Fähigkeit zu seinem Schaffen seiner persönlichen Begabung verdankt, die natürlich national unbegrenzt ist, so dankt er den Weg, den diese Begabung nimmt, den tausendfältigen Einflüssen seiner Umgebung. Das gilt für die Künste im Allgemeinen. Für die Musik im Besonderen kommen noch drei wichtige, geographisch und national stark unterschiedliche Faktoren hinzu: Volkslieder, Tanzrhythmen und liturgische Einflüsse" (Huberman 1925: 24).

An anderer Stelle vertieft er diesen Gedankengang:

„Damit soll keineswegs etwa den Rassenschützlern für die Domäne der Kultur das Wort geredet werden (...). Es stellt nur das Liebesbekenntnis eines Europäers zur Heimat dar, das Gelöbnis zur Wahrung der regionalen Physiognomien in Europa und gegen die gerade von den Nationalisten so beliebte Verfälschung des kulturellen genius loci" (Huberman 1932: 41).

Dieses flammende Plädoyer für die kulturelle Vielfalt Europas, einer Vielfalt die ihres chauvinistischen Missbrauchs enthoben, nicht zur Barriere sondern zum Katalysator eines vereinten Paneuropa wird, unterfüttert Huberman mit einer kulturpolitischen, zugleich gesellschaftskritischen Argumentation:

„Das nicht minder lebenswichtige Problem der Kulturvermittlung an die Volksgemeinschaft würde überhaupt erst im Bundesstaat Europa einer vollwertigen Lösung zugeführt werden können. In dieser Hinsicht hat die europäische Kultur seit jeher unter einem tragischen Paradoxon gelitten: Ihre Quellen entspringen der Vielfältigkeit der europäischen Nationen. Dieser Vielfältigkeit verdanken wir die Neunte Symphonie, den Faust, die Sixtinische Madonna, die Chopinschen Balladen, usw. (...) Nach dem Ethos ihrer Schöpfer soll sie der Menschheit dienen; aber bei der bisherigen politischen Struktur Europas war die Quelle ihres Reichtums (...)

zugleich die Ursache, daß nur ein Bruchteil aller Europäer unserer Kultur teilhaftig werden konnte. Immer wieder erlebt man es in Europa: Dieser Hamlet, diese Neunte Symphonie versammelt um sich nicht alle ihrer würdigen und bedürftigen Zuhörer, sondern nur jenes kleine Häuflein, das bei dem periodisch wiederkehrenden Zusammenprall der europäischen Völker dank einem glücklichen Zufall dem wirtschaftlichen Ruin entgangen ist. Eine Kultur, die zu ihrer Voraussetzung sich gegenseitig zerfleischende Nationen hat, infolgedessen 99 von 100 Europäern unzugänglich ist und daher eine reine Klassenkultur bleibt, eine solche Kultur ist ein blutiger Hohn" (Huberman 1932: 44f).

Im Kontext der Debatten um die europäischen Einigung und ihrer kulturellen Dimension spielt seit je die Sprachenvielfalt eine gewichtige Rolle, der sich auch Huberman widmet. Blickt man zunächst kurz auf die gegenwärtige EU mit ihren derzeit 23 Nationalsprachen und 3 Amtssprachen (Französisch, Englisch und Deutsch) so zeigt sich: Die Sprachenfrage umfasst mehrere Dimensionen. Zunächst verfolgt die offizielle Sprachenpolitik der EU das Ziel, die Sprachenvielfalt zu erhalten – nicht zuletzt auch durch aktive Maßnahmen zum Schutz von Minderheitensprachen. Die EU selbst operiert in ihrer praktischen Tagespolitik zweigleisig, in dem sie im engeren Kreis ihrer Administration mit den drei Amtssprachen arbeitet, ansonsten aber in den Beratungs- und Entscheidungsprozessen ihrer Organe wie im Bereich der Gesetzestexte mittels eines umfangreichen Übersetzungs- und Dolmetscherapparats alle Sprachen bedient. Die Sprachenfrage ist gegenwärtig vor allem auch unter demokratiepolitischen Vorzeichen Gegenstand einer kontroversen Debatte. Diese kreist vor allem um die Frage, wie weit in einer multilingualen Union die Integration überhaupt vorangetrieben werden kann, wenn gleichzeitig das Demokratiegebot eines öffentlichen Diskurses erfüllt sein soll.

Bemerkenswert ist vor diesem Hintergrund wie sich Huberman mit der Sprachenfrage auseinandersetzt. Zunächst konstatiert er eine „(...) Belastung des europäischen Einigungsstrebens durch die Verschiedenheit der Sprache" (Huberman 1932: 55). Er sieht darin allerdings keine unüberwindbaren Schwierigkeiten, da es genügend Beispiele für den produktiven Umgang mit Sprachenvielfalt gebe:

„Da ist z. B. die Schweiz mit ihren drei Hauptnationen und mehreren Volkssplittern. Die Geschichte der Schweiz war eine bewegte Geschichte (...) Aber in ihrer ganzen achthundertjährigen Geschichte hat es in der Schweiz keinen einzigen Fall gegeben, wo die Verschiedenheit der Sprachen zu nationalistischen Zwistigkeiten geführt hätte.

Im Übrigen haben wir 6 mehrsprachige Länder neueren Datums: Finnland, Belgien, Tschechoslowakei, Jugoslawien, Estland, Lettland und Sowjetrußland. – Wir haben zwar noch kein offizielles Paneuropa, aber wir haben seit langem schon unzählige, auf paneuropäische Kooperation angewiesene Institutionen wie Eisenbahn, Schiffahrt, Telegraph und Post, Flugverkehr, das ganze Banksystem und vor allem Kunst und Wissenschaft. Nun, diese Institutionen haben sich alle auf etwa drei Weltsprachen nebst der Landessprache eingerichtet, und es liegt gar kein Grund vor, in Paneuropa eine andere Lösung zu suchen. Lieber jährlich ein paar Millionen mehr Ausgaben für viersprachige Gesetze und Dekrete aus den ersparten Milliarden anstatt ungezählter Milliardenausgaben und Millionen Menschenopfer" (Huberman 1932: 55f).

Von der Sprachenfrage kommt er schließlich wieder zurück zu seiner Ausgangsthese einer existenten *europäischen Mentalität*, der zufolge „(...) *wir in Europa wohl verschiedene Sprachen reden, aber aus einem gemeinsamen Geist denken und fühlen, daß wir eins sind im Glauben, Unglauben und sogar Aberglauben, in Heldensagen, Märchen und sogar Ammenmärchen, daß nie ein geistiger Funke irgendwo in Europa sich entzündet hat, ohne zugleich den ganzen Kontinent zu entflammen" (Huberman 1932: 57).*

Der weltreisende Künstler Huberman fügt hinzu: „*Wer aber sein Europäertum als ein bewußtes nationalähnliches Zusammengehörigkeitsgefühl in sich entdecken will, der gehe nach Übersee und erlebe die Begegnung mit einem andern Europäer; da wird nicht viel nach Sprache oder engerer Heimat gefragt, Europa wirkt als das Zauberwort, das zugleich Vaterland, Verständnis, Solidarität bedeutet" (Huberman 1932: 58f).*

Aktivist der europäischen Einigungsbewegung

So beeindruckend wie der Reichtum an historischen Kenntnissen und innovativen Gedanken, mit denen der Künstler Huberman das *Vaterland Europa* unter politischen, ökonomischen und kulturellen Gesichtspunkten konzipiert, sind auch seine Überlegungen zur praktischen Umsetzung dieses Projekts und sein unermüdliches Wirken im Rahmen der Paneuropa-Union.

Dabei verdient Hubermans Beziehung zu Graf Coudenhove-Kalergi und der intensive Briefwechsel und Gedankenaustausch zwischen beiden besonders Augenmerk. Die Auswertung der Briefdokumente gibt Aufschluss über eine ungemein enge europapolitische Partnerschaft, die im Jahr 1925 beginnt und zu einer persönliche Freundschaft wird, die erst mit Hubermans Tod endet. Noch in der Zeit ihres gemeinsamen Exils in den USA spielt das europäische Projekt dabei eine Rolle; etwa wenn Huberman seinen Freund in einem Telegramm (vom 27. März 1943, Huberman Archiv, Tel Aviv) darum bittet, ihm Dokumente und Berichte über Europa-Konferenzen, an denen Coudenhove-Kalergi beteiligt ist, zukommen zu lassen.

Wie zu Beginn dieses Kapitels erwähnt, wirbt Huberman noch bevor er die Paneuropa-Union kennen lernt und sich ihr anschließt, in Reden, Interviews und Zeitungsbeiträgen für seine Idee eines vereinten Europa. Coudenhove-Kalergi, der darauf aufmerksam wird, schreibt am 10. Juli 1925 an Huberman: „Soeben lese ich Ihr Interview im Achtuhrabendblatt. Ich bin gerührt von der Entschiedenheit, mit der Sie sich darin für Paneuropa einsetzen" (Brief Coudenhove-Kalergis vom 10. Juli 1925, Huberman Archiv, Tel Aviv).

Huberman antwortet: *„Das kleine Interview im Achtuhrabendblatt hat mich selbst sehr gefreut, weil es einen guten Auftakt bildet zu einer großen Arbeit, mit deren Abfassung ich jetzt beschäftigt bin. Aus diesem Grunde hätte ich Sie auch besonders gerne gesprochen. Wenn irgend möglich werde ich es auch noch einzurichten versuchen (...)"* (Brief Hubermans vom 21. Juli 1925; Huberman Archiv, Tel Aviv). In diesem Brief aus der Anfangszeit wird bereits ein Muster erkennbar, nach dem die beiden ihr praktisches Europa-Engagement in den kommenden Jahren brieflich kommunizieren sollten; nämlich durch die intensive Erörterung von europapolitischen Grundsatzfragen, die wechselseitige Information über Ereignisse, die für die Paneuropa-Bewegung relevant sind und über jeweils geplante persönliche Aktivitäten. Dabei werden Reisepläne und Aufenthaltsorte ausgetauscht, um gemeinsame Treffen zu ermöglichen. In diesem Sinne fährt Huberman in seinem Schreiben fort: *„Eben sagt mir eine Amerikanerin, dass die Pariser Ausgabe des New York Herald das Berliner Interview in sensationeller Aufmachung nachgedruckt hat. Ich bemühe mich, dasselbe auch in den USA selbst zu erreichen und zwar auch als Auftakt für die eigene Arbeit, was zusammen wiederum vielleicht eine ganz gute Vorbereitung für Ihre Vorträge dortselbst abgeben kann"* (ebd.).

Um diese Kommunikationspraxis noch an einem weiteren Beispiel zu veranschaulichen, sei aus einem Brief Hubermans aus dem darauf folgenden

Jahr zitiert: *"Zunächst die Mitteilung, dass ich am 23. März in Wien konzertiere und Sie bestimmt zu sprechen hoffe. Es sind einige wichtige Sachen zu besprechen. Nach Warschau werde ich im Mai fahren und zwar einzig und allein in Angelegenheit Paneuropas. Hoffentlich ist bis dahin Skrzynski noch in der Regierung. Er hat mir nämlich seine volle Unterstützung bei der Gründung Paneuropäische Union in Polen zugesagt"* (Brief Hubermans vom 11. Februar 1926; Huberman Archiv, Tel Aviv).

Den glanzvollen Auftakt des öffentlichen Wirkens Hubermans als Paneuropäer der ersten Stunde bildet seine Rede anlässlich des ersten Paneuropa-Kongresses 1926 in Wien. Der Kongress wurde am 3. Oktober im Großen Konzerthaussaal eröffnet. Die Vorbereitungen und der Ablauf dieses Kongresses sind in der 2004 erschienenen Monografie von Anita Ziegerhofer-Prettenthaler „Botschafter Europas. Richard Nikolaus Coudenhove-Kalergi und die Paneuropa-Bewegung in den zwanziger und dreißiger Jahren" detailliert beschrieben. Coudenhove-Kalergi konnte zu diesem Kongress 2000 Teilnehmer, darunter 500, die aus dem Ausland kamen, sowie 600 Vertreter der Presse begrüßen (Ziegerhofer-Prettenthaler 2004: 135).

Von den Ehrenpräsidenten der Paneuropa-Bewegung waren der österreichische Bundeskanzler Ignaz Seipel, der Präsident des Deutschen Reichstags Paul Löbe und der ehemalige Gesandte der griechischen Republik in Paris und beim Völkerbund, Nicola Politis, anwesend. Der ebenfalls dem Präsidium angehörende tschechische Außenminister Edvard Beneš hatte in letzter Minute abgesagt. Spitzenvertreter amtierender Regierungen nahmen am Kongress nicht teil, sondern ließen sich, wenn überhaupt, durch Botschafter oder Gesandte vertreten, im Falle Deutschlands durch den Gesandten Hugo Graf Lerchenfeld.

Nach Ziegerhofer-Prettenthaler waren die Funktionen der Kongressteilnehmer „(...) für die Zukunft der Paneuropa-Bewegung richtungsweisend, so waren diese größtenteils Politiker, die bereits aus ihrem Amt geschieden waren oder auch ehemalige Botschafter; sie erhofften sich durch Paneuropa ein diplomatisches Betätigungsfeld, wo man weiterhin repräsentieren konnte. Die Absage von prominenten Politikern veranschaulichte, wie man die Bewegung einschätzte: als Utopie, der gegenüber eine gewisse Distanz eingeräumt wurde" (Ziegerhofer-Prettenthaler 2004: 137).

Der Kongress bestand aus öffentlichen Plenumsveranstaltungen, Ausschussberatungen und kulturellen Abendveranstaltungen. Einer der Hauptredner des Eröffnungstages war Bronislaw Huberman. Er war unter den Vortragenden des Kongresses zudem der einzige Künstler. Huberman beginnt seine Rede mit persönlichen Reflexionen:

„Ein eigentümliches Gefühl erfaßt mich in dem Augenblick, in dem ich von diesem mir so lieben, wohlvertrauten Platze meiner langjährigen künstlerischen Wirksamkeit aus zu Ihnen sprechen soll. Es ist ein Gefühl innerer Bewegung (...). Es ist aus dem Glücksgefühl geboren, bei der Grundsteinlegung eines großen Menschheitswerkes dabei sein und mitwirken zu dürfen" (Huberman 1932:65).

Inhaltlich ist die Rede, die Huberman, wie erwähnt, in seine programmatische Schrift *Vaterland Europa* aufnimmt, ein Kondensat seines integrationspolitischen Denkens. Huberman thematisiert die Vorteile des großen europäischen Marktes und die Notwendigkeit, den Schritt zur Zollunion zugleich mit Schritten zu einer politischen Union zu verbinden. Er reflektiert das Problem der „Grenzen" und ihrer Aufhebung in einem europäischen Bundesstaat und er setzt sich intensiv mit den für die Paneuropa-Bewegung zentralen Fragen des *modus procendi* auseinander. Diese thematischen Bereiche und die entsprechenden Passagen der Rede sind in den vorangegangenen Abschnitten bereits in die Analyse eingeflossen.

Huberman schließt seine Rede mit den Worten: *„So wie unsere ganze Konzeption des Gedankens Paneuropa nicht die Konstruktion eines utopischen Weltverbesserers ist, sondern bloß aus der Erkenntnis entspringt, daß Europa in seinen gesamten Lebensäußerungen reif, überreif zum Zusammenschluß ist, so müssen wir auch in unserem Kampfe um die Verwirklichung unseres Ideales alles vermeiden, was utopisch und künstlich konstruiert ist und nicht gleichzeitig auf die gesamten Lebensinteressen Paneuropas genügend Rücksicht nimmt"* (Huberman 1932: 85).

Über die Resonanz dieser Rede unter den Kongressteilnehmern und in der Öffentlichkeit finden sich in den Quellen unterschiedliche Urteile: So wird im Bericht über den Kongressverlauf, den der deutsche Gesandte Graf Lerchenfeld an seinen Außenminister Gustav Stresemann schickt, die Rede Hubermans knapp und abfällig kommentiert: „Schuster bleib bei Deinen Leisten" (zitiert nach Ziegerhofer-Prettenthaler 2004: 138). Hingegen ist in der Frankfurter Zeitung vom 9. Oktober 1926, die ausführlich über den Kongress berichtet, zu lesen: „Bronislaw Huberman bestieg das Podium; man wunderte sich, dass er redete, statt zu geigen. Doch gerade das stimmte ernst, dass ein großer Künstler (…) den Drang fühlt, sich mit Politik zu befassen. (…) Die Not des alten Europa muss groß sein, wenn sie selbst dem Musiker keine Ruhe mehr lässt (…). Und der Musiker erwies sich durchaus nicht als lebensfremd, er zeigte sehr überzeugend, dass sich die europäischen oder paneuropäischen Probleme nicht zeitlich getrennt behandeln lassen, dass eine Zollunion ohne politische Union (…) schwer durchführbar ist" (Huberman Archiv, Tel Aviv).

Noch ein weiteres Mal tritt Huberman anlässlich des Kongresses in Erscheinung; dieses Mal als Künstler, der ein abendliches Konzert gibt. Unter den Presseberichten über den Kongress, die nach Ziegerhofer-Prettenthaler (2004: 141ff) uneinheitlich, überwiegend aber eher kritisch ausfallen, heißt es im Wiener Neuesten Archiv, dass das Violinkonzert von Huberman die Teilnehmer von dem „Druck der bis zum Überdruss wiederholten gleichartigen Gedankengänge der Kongressreden erlöste" (ebd.: 142).

Bereits ein Jahr vor dieser Kongressrede hatte Huberman „(...) *in großen Zügen (...) die Wege, die uns zu Paneuropa führen sollen",* wie folgt beschrieben: *„Erweckung des paneuropäischen Bewußtseins und Gewissens; Organisierung der unserem Gedanken gewonnenen Werber und Streiter. Als weitere Entwicklungsstufe: Gründung von paneuropäischen parlamentarischen Parteien in allen Ländern Europas. Und dann eines schönen Tages Übergang vom Reden und Schreiben zur Tat. Was diese alles in sich begreifen wird, steht noch dahin. Es wird wohl auch zum Teil von der Beschaffenheit des uns entgegengesetzten Widerstandes abhängen"* (Huberman 1925: 34).

Verfolgt man Hubermans praktisches Engagement entlang dieser Strategievorstellungen, die auf einem dreistufigen Handlungskonzept basieren, so ergibt sich ein facettenreiches, gerade auch aus heutiger Sicht beeindruckendes Bild:

Die erste Stufe, das öffentliche Aufklären und Werben, wird für Huberman zu einer Aufgabe, der er sich beginnend Mitte der 1920er Jahre ein gutes Jahrzehnt lang intensiv verschreibt. Er hält, wie bereits an Beispielen gezeigt, Vorträge;[38] er vermittelt seine Europaideen in Zeitungsartikeln[39] und Pressegesprächen; schließlich nutzt er seine Popularität als Künstler und die anlässlich seiner Konzerte entstehenden Kontakte zu

---

[38] Dem Briefwechsel zwischen Coudehove-Kalergi und Huberman ist zu entnehmen, dass Huberman die bei seinen Vorträgen eingeworbenen Geldbeträge an die Paneuropa-Union überweist.

[39] Hubermans internationaler Bekanntheitsgrad macht es möglich, dass er seine Europa-Botschaften in den Presseorganen zahlreicher europäischer Hauptstädte platzieren kann.

führenden Politikern, Wirtschaftsvertretern und Wissenschaftlern, um für ein geeintes Europa zu werben.

Auch auf der zweiten Stufe seines strategischen Konzepts, dem *Organisieren der Werber und Streiter* wird Huberman aktiv.[40]

Wie in Kapitel 2 skizziert, bestand ein Organisationsprinzip der Paneuropa-Bewegung darin, nationale Sektionen zu gründen. Die Bedingungen für eine dauerhafte erfolgreiche Arbeit der Sektionen variierten freilich von Land zu Land beträchtlich und veränderten sich auch auf der Zeitachse. Eine vergleichsweise mitgliederstarke Gruppe war die deutsche Sektion, deren Vorsitzender der sozialdemokratische Reichstagspräsident Paul Löbe (1875-1967) war. Wie bereits erwähnt, gelang es Coudenhove-Kalergi in Deutschland zudem die finanzielle Unterstützung des Hamburger Bankiers Max Warburg (1867-1946) zu gewinnen und einen deutschen Wirtschaftsausschuss der Paneuropa-Bewegung zu etablieren, dem Unternehmer und Verbandsvertreter angehörten.

In Polen ist es Bronislaw Huberman selbst, der ein nationales Paneuropa-Komitee mitinitiiert und begleitet.[41] Diesem Komitee „(…) traten zahlreiche Intellektuelle, Adlige sowie einige linksgerichtete Aktivisten und junge Akademiker bei, darunter auch Völkerbundfreunde und Pazifisten. Einige taten dies auf Weisung des Außenministeriums, das die Richtung der Bewegung kontrollieren wollte" (Schulz 2010: 7).

---

[40] So gelingt es Huberman, um nur eines von mehreren Beispielen zu nennen, die er in seinen Briefen an Coudenhove-Kalergi erwähnt, 1932 den früheren preußischen Finanzminister Klepper für die Paneuropa-Bewegung zu gewinnen.

[41] Das Thema Polen ist unter dem Blickwinkel der sensiblen Grenzfragen, der europäischen Friedensordnung und des Minderheitenproblems wiederholt Gegenstand des Briefwechsels zwischen Huberman und Coudenhove-Kalergi und spielt auch in den Beiträgen der Zeitschrift „Paneuropa" eine Rolle.

Aus Hubermans Briefverkehr geht hervor, dass er auch an der Initiierung und Förderung der niederländischen und tschechoslowakischen Paneuropa-Netzwerke beteiligt war. Auch das Anfang 1926 gegründete ungarische Paneuropa-Komitee, dem neben führenden Intellektuellen des Landes auch der Komponist Béla Bartók angehörte, wird von Huberman wiederholt unterstützt.[42]

Der dritte, in Hubermans Handlungskonzept vorgesehene Schritt, die *Gründung von paneuropäischen parlamentarischen Parteien in allen Ländern Europas* führt zu einem mehrjährigen, intensiven Gedankenaustausch und teils auch zu einem heftigen Disput zwischen Huberman und Coudenhove-Kalergi. Bereits im November 1927 regt Huberman in einem Brief an „ *(...) bei den kommenden Wahlen zu den verschiedenen europäischen Parlamenten schon eine europäische Plattform aufzustellen, (weil) man nicht frühzeitig genug mit dem Versuch einer Bildung paneuropäisch gerichteter Parteien anfangen kann. Auch ein bescheidener Erfolg auf diesem Gebiete würde uns um Jahre, vielleicht Jahrzehnte vorwärts bringen"* (Brief Hubermans vom 9.11. 1927, Huberman Archiv, Tel Aviv). Coudenhove-Kalergi lehnt den Vorschlag ab, weil die Kosten eines Parteiapparats die Mittel der Paneuropa-Union überfordern würden und weil „diese Gründung außerdem die paneuropäisch gesinnten Parteien, nämlich die Sozialdemokraten, die Demokraten und einen Teil der Katholiken sofort in Opposition zu uns bringen würde. Dagegen halte ich es für gut,

---

[42] Wie die ungarische Paneuropa-Sektion dieses Engagement würdigt, geht aus einem Brief hervor, den einer ihrer Sprecher, Michael Fried, am 2. Februar 1932 an Huberman schreibt: "Ihr Budapester Vortrag vor zehn Tagen bildet, wie ich es wiederholt seitdem konstatieren konnte, noch immer lebhaftes Gesprächsthema. Man zitiert Sie mannigfach und ist sich einig darüber, dass Ihr Vortrag in jeder Beziehung vorzüglich war (...). Denn trotz des nicht ausverkauften Saales stellt die Anwesendenzahl von ca. 250 Personen einen Rekord bezüglich Vortragsauditorium in Budapest dar. Selbst unter den Fittichen der Regierung arrangierte Vorträge (...) konnten diese Zuhörerzahl nicht aufweisen. Ich glaube, dass es gut wäre, wenn wir die ungarische Übersetzung Ihres Vortrages in Broschürenform erscheinen ließen" (Huberman Archiv, Tel Aviv).

den Versuch zu machen, diese genannten Parteien dazu zu bewegen, die Paneuropa-Frage bei den kommenden Wahlen in den Wahlkampf zu werfen" (Brief Coudenhove-Kalergis vom 22. November 1927, Huberman Archiv, Tel Aviv).

Unter dem Eindruck der sich Anfang der 1930er Jahre verschlechternden sozialen und politischen Verhältnisse, die Huberman zumal in Deutschland und Italien bedrohlich findet, appelliert er erneut an Coudenhove-Kalergi, dass etwas geschehen müsse: *„Etwas, das nicht die Regierungen betrifft und auch nicht die hoffnungslose Bande der bürgerlichen intellektuellen Moral-Snobisten, sondern die große Masse des Volkes"* (Brief Hubermans vom 8. Juli 1932, Huberman Archiv, Tel Aviv). Und Huberman wirft – ein halbes Jahr vor der Machtergreifung Hitlers – im selben Brief Coudenhove-Kalergi vor *„nicht dagewesen zu sein",* als sich das Volk gegen das Bestehende empört und zunehmend die NSDAP gewählt habe: *„Er (Hitler) wäre der letzte gewesen, der je aus eigener Kraft diesen Zulauf hätte bewerkstelligen können. Es war eben niemand anderer da: Sie waren nicht da!! Denn nur für einige Intellektuelle da sein, das ist kein 'da sein' heutzutage, auf die Dauer"* (ebd.).

Diese Ausführungen unterstreichen noch einmal, dass sich Huberman mit seinen 1925 formulierten Vorstellungen zum *modus procendi* der Paneuropabewegung nur auf der ersten Stufe, dem öffentlichen Aufklären und Werben, und auf der zweiten Stufe, dem Organisieren von Aktivistennetzwerken, im Einklang mit der von Coudenhove-Kalergi geprägten Linie der Paneuropa-Union befindet. Von Anfang an ist für ihn eine Strategie, die auf die politischen Führungsebenen und gesellschaftlichen Eliten setzt, zwar notwendig, aber nicht hinreichend. Seine Grundüberzeugung eines im geschichtlichen Prozess angelegten „historischen Augenblicks" für die Selbsteinigung Europas geht einher mit der Vorstellung einer politisch möglichen und zugleich strategisch unverzichtbaren Mobilisierung breiter Bevölkerungskreise. Da für ihn die bestehenden Parteien in ihrer

Mehrheit als Organisatoren und Katalysatoren einer paneuropäischen Massenbewegung ausfallen, plädiert er frühzeitig und zunehmend vehement für eine eigenständige paneuropäische Parteienformierung. Geradezu bitter beklagt er im Falle der deutschen Entwicklungen zu Beginn der 1930er Jahre das Fehlen einer paneuropäischen Partei und die diesbezüglichen strategischen Versäumnisse der Paneuropa-Union, die er Coudenhove-Kalergi im oben zitierten Schreiben anlastet.

Versucht man dieses Gedankengebäude aus heutiger Sicht historisch einzuordnen und zu bewerten, so erweist sich Huberman als ein Zeitdiagnostiker, der den grundlegenden historischen Wandel der politischen Systeme Europas im Gefolge des Ersten Weltkriegs zutreffend erfasst: *„Das dynastisch-feudalistische Prinzip wurde in Europa durch den Mechanismus der Parteiherrschaft ersetzt"* (Huberman 1932: 47). Freilich verkennt er den Wesenskern einer pluralistischen Parteiendemokratie, wenn er mit kritischem Unterton urteilt: *„Die Parteien sind in vielen Ländern trotz des gleichen Wahlrechtes keine Vertreter des Volkes, sondern oft nur Exponenten bestimmter, aus dem jetzigen politischen Zustand hervorgegangener Interessen"* (ebd). Richtig liegt er hingegen mit seiner Einschätzung, wonach die Mehrheit der Parteien in den Staaten Europas und die von ihnen getragenen Regierungen sich nicht als Transmissionsagenturen seines ambitionierten europäischen Projekts eignen. Hubermans diesbezüglich nüchterne, zugleich differenzierte Beurteilung der politischen Lage gegen Ende der 1920er Jahre, geht aus einem Brief hervor, den er am 12. Juli 1929 an einen befreundeten Gesprächspartner, Dr. Heinrich Simon, schreibt: *„Paneuropa hängt von dem Willen der zwei größten kontinentalen Kulturnationen ab: Deutschland und Frankreich. Die anderen Völker werden sich zu fügen haben. Nun hat Frankreich durch den Mund Briands seine paneuropäische Disposition kundgegeben. Bleibt also Deutschland. Innerhalb Deutschlands haben die Sozialdemokraten (…) Paneuropa auf* *ihre Parteifahne geschrieben. Bleiben also die Bürgerlichen. Die Konservativen haben schon ihre Meinung geäußert, wie eine Meute losgelassener Hunde bellen sie im deutschen Blätterwald"* (Huberman Archiv, Tel Aviv).

Drei Jahre später beurteilt Huberman die politische Gesamtlage und das Verhalten der Regierungen weit skeptischer, wobei er die an die herrschende Politik adressierten Erwartungen der Paneuropa-Union und ihres Vorsitzenden bitter kommentiert: „*Mit diesen, am heutigen politischen und wirtschaftlichen Zustand klebenden Faktoren den Zusammenschluß Europas durchführen zu wollen, das ist so, als wenn man den Ersatz der Postkutsche durch die Eisenbahn von der Erlaubnis der Postillione abhängig gemacht hätte. Daß der Führer der Paneuropabewegung, Graf Coudenhove, diesen Versuch mit den heutigen Postillionen unternommen hat, erschien mir persönlich von vornherein ziemlich aussichtslos. (...) Und meine Zweifel an der Richtigkeit des Coudenhoveschen modus procedendi möchte ich in die Worte kleiden, daß Coudenhove gewissermaßen selbst das Epochale und Umwälzende seiner idealistischen Vision und ihrer praktischen Formulierung unterschätzt hat, wenn er glaubte, diese Aktion mit Hilfe der bestehenden Regierungen so durchführen zu können wie irgendein neues Wahlgesetz oder dergleichen. (...) Es werden Konferenzen nach Konferenzen einberufen, Expertisen nach Expertisen unternommen, alle mit dem gleichen Resumee, mit dem gleichen Notruf: Nieder mit den Zöllen, nieder mit den Rüstungen, nieder mit den Handelshindernissen! was als Synthese gleichbedeutend mit Paneuropa ist. Und trotzdem – als wenn die Experten Dilettanten und die Herren Dilettanten Experten wären – setzen die Regierungen die entgegengesetzten Maßnahmen, und zwar in immer steigendem Maße fort. Genf ist jetzt wie eine Kirche des Mittelalters, wo man paneuropäische Ablässe sucht, um dann zu Hause umso mehr antieuropäisch sündigen zu können!"* (Huberman 1932: 48 ff).

Mit seinem frühen Plädoyer für die Schaffung paneuropäischer Parteien hatte Huberman eine Handlungsperspektive aufgezeigt, die dann Anfang der 1930er Jahre in der Paneuropa-Union Resonanz finden sollte. So heißt es in einem Schreiben Coudenhove-Kalergis vom 12. Juli 1932 an Huberman: „Die Frage der Massenbewegung habe ich mir in den letzten Monaten reiflich durch den Kopf gehen lassen und bin zum Entschluß gekommen, eine europäische Partei, mit politischen Zweigorganisationen in allen europäischen Staaten, ins Leben zu rufen. Ich lege Ihnen das Parteiprogramm bei, bitte Sie aber die Sache streng vertraulich zu behandeln, da ich sie erst nach dem deutschen Wahlkampf bekannt geben will" (Brief Coudenhove-Kalergis vom 12. Juli 1932, Huberman Archiv, Tel Aviv).

Auf dem Paneuropa-Kongress, der kurz nach diesem Schreiben in Basel stattfindet (und zu dessen Einladungsprogramm Huberman ein Grußwort verfasst), kündigt Coudenhove-Kalergi die Gründung einer Paneuropa-Partei öffentlich an. Bereits im Vorfeld hatte er „nicht nur in Österreich Meinungen über seinen Vorstoß eingeholt, sondern auch in diversen nationalen Paneuropa-Unionen Kontakt mit führenden Männern aufgenommen, um ihre Meinung über die Verwirklichung der Europäischen Partei zu erfahren. Grundsätzlich fand man die Idee interessant, doch sowohl tschechoslowakische, niederländische als auch deutsche Paneuropäer waren der Meinung, dass eine Partei der Paneuropa-Bewegung mehr Schaden als Nutzen brächte" (Ziegerhofer-Prettenthaler 2004: 440). In deutschen Paneuropa-Kreisen wurde zudem vermutet, dass dieses Projekt, eher ein taktischer Schachzug Coudenhove-Kalergis sei.

Alles in allem kommt dieses von Huberman so vehement verfochtene Parteienprojekt nicht über ein Ankündigungsstadium hinaus. In Deutschland ab 1933 ohnehin obsolet geworden, nahm die Gründung einer Paneuropa-Partei auch in anderen Ländern keinerlei konkrete Gestalt an.

Hubermans praktisches Wirken als Ideengeber, Organisator und Botschafter der Paneuropa-Bewegung umfasst die Zeitspanne von Mitte der

1920er Jahre bis Mitte der 1930er Jahre. Noch im Dezember 1934 hält er im Polnish Institute of Arts and Letters in New York einen Vortrag zum Thema „The Pan-European Problem". Danach nehmen ihn mit dem wachsenden Antisemitismus im nationalsozialistischen Deutschland jene Herausforderungen und Aufgaben in Beschlag, die im vorangegangenen Kapitel beschrieben wurden.

Die letzten Jahre von Hubermans Europa-Engagement sind angesichts seines seismografischen Gespürs für bedrohliche politische Entwicklungen von einer eigentümlichen Haltung geprägt.

Einerseits beklagt er mit zunehmender Ratlosigkeit die mangelnde politische Durchschlagskraft der europäischen Einigungsidee: *„Es muß einen tiefste Verzweiflung und Hoffnungslosigkeit erfassen, wenn man es jetzt erlebt, wie immer wieder versucht wird, die lebensgefährlichen Krankheitserscheinungen Europas mit Palliativmitteln abzuschwächen, nur um einer gesamteuropäischen Radikalkur aus dem Wege zu gehen (...)"* (Huberman 1932: 62).

Andererseits begegnet er den antidemokratischen und nationalistischen Entwicklungen seiner Gegenwart mit einer geradezu trotzig anmutenden Zukunftshoffnung. Huberman bleibt noch bis 1932 davon überzeugt, dass die proeuropäische Aufklärung und Mobilisierung breiter Bevölkerungsschichten möglich ist und dass das Einigungsstreben letztlich erfolgreich sein werde: *„Ich (bin) trotz meiner Verzweiflung über den jetzigen Zustand optimistischer als alle Optimisten. Es müssen nur die Menschen guten Willens und klarer Einsicht sich Rechenschaft darüber ablegen, daß es bei diesem Kampf um Europa um das Schicksal eines jeden Einzelnen geht. Wir müssen zusammenhalten, und jeder muß innerhalb seines geistigen und sonstigen Vermögens dazu beitragen, daß dieser Gedanke in die breitesten Volkskreise eindringt, insbesondere sich der heranwachsenden Jugend bemächtigt. (...) Das Gebot der Stunde ist Propaganda für unser Vaterland Europa!!"* (ebd.).

Ein von Huberman drei Jahre zuvor verfasster Artikel über ein vereintes Europa, erschienen am 1. Januar 1929 im Morgenblatt der Frankfurter Zeitung, endet mit der Botschaft: „*Paneuropa bedeutet: politisch – Friede, wirtschaftlich – Aufschwung, sozial – Ausgleich, kulturell – ungehemmte nationale Entfaltung. Zusammenfassend bedeutet es aber mehr als das: Rettung vor dem sonst unvermeidlichen Untergang*" (Huberman Archiv, Tel Aviv).

Die Rettung sollte nicht gelingen, die düstere Prophetie sollte sich erfüllen.

5

Rückblicke und Ausblicke: Bronislaw Huberman und die heutige Europäische Union

Was für Bronislaw Huberman und für die europäische Einigungsbewegung in den 1920er und 1930er Jahren ferne Utopie bleibt, nimmt nach dem Zweiten Weltkrieg politische Gestalt an: die Integration Europas.

Den Beginn markiert – ein Jahr nach Hubermans Tod – der Haager Kongress. Im Mai 1948 kommen in Den Haag über 700 Persönlichkeiten – führende Politiker, Vertreter der Kirchen, der Wirtschaft und der Gewerkschaften sowie Intellektuelle und Künstler – aus 28 europäischen Ländern zu einem ersten Europakongress zusammen. Wie im Jahr 1929 als durch die Initiative Aristide Briands im Rahmen des Völkerbundes „eine Art föderativer Verbindung" zwischen den europäischen Völkern geschaffen werden sollte, geht es erneut um die politische Einigung Europas.

Während Huberman diesen Neubeginn europäischer Einigungsbestrebungen nicht mehr erlebt, spielt sein europapolitischer Mitstreiter und Briefpartner Coudenhove-Kalergi im Umfeld des Kongresses eine aktive Rolle und ist neben Winston Churchill einer der Eröffnungsredner.

Bemerkenswert an den Beratungen des Haager Kongresses, aus dem die Europäische Bewegung[43] und (mittelbar auch) der Europarat hervor gehen, sind die ausgeprägten historischen Kontinuitäten in den Einigungsmotiven. Wie in der Zwischenkriegszeit sind es vor allem vier Themenfelder, die den Kongress beherrschen (Loth 2014) und aus denen heraus Antriebskräfte der kommenden Integration resultieren:

Erstens: Die Überwindung der zwischenstaatlichen Anarchie und die Schaffung einer stabilen Friedensordnung mittels gemeinsamer Institutionen.[44]

Zweitens: Die „deutsche Frage" als besonderer Aspekt einer europäischen Friedensordnung.

---

[43] Diese existiert als Europäische Bewegung (international) bis heute und ist das lose Dach von nationalen Organisationen, die in rund 40 europäischen Ländern des Europarats aktiv sind. Die Europäische Bewegung Deutschland wurde im Juni 1949 gegründet. Ihr erster Präsident war der frühere Reichstagspräsident Paul Löbe (SPD), der, wie in Kapitel 2 beschrieben, schon in der Zwischenkriegszeit in der Paneuropa-Union aktiv war. Der Europäischen Bewegung Deutschland gehören gegenwärtig rund 250 gesellschaftliche Organisationen und Verbände an.

Ebenfalls in der frühen Nachkriegszeit wurden die Europa Union Deutschland und deren Jugendorganisation, die Jungen Europäischen Föderalisten gegründet.

Alle drei Organisationen, die auch gegenwärtig aktiv sind, sind programmatisch dem Ziel eines bundesstaatlich organisierten Europas verpflichtet und repräsentieren die föderalistische Traditionslinie europäischer Einigungsvorstellungen, zu deren frühen Vordenkern und Botschaftern Huberman zählt.

[44] Diese Vorstellungen tauchen bereits in „klassischen" Friedenssicherungsplänen von Dante bis Kant auf.

Drittens: Die ökonomische Integration als Antwort auf die Entwicklung der Produktivkräfte und internationalen Märkte, wie als Vehikel der politischen Einigung.

Und viertens: Das Streben der Europäer nach Selbstbehauptung gegenüber den neuen Weltmächten: „Sowohl die Sorge vor einer wirtschaftlichen und politischen Übermacht der USA als auch die Furcht vor einer Expansion der bolschewistischen Revolution waren schon in den 1920er Jahren Motive für europäische Einigungspläne. Beide wurden durch die machtpolitischen Ergebnisse des Zweiten Weltkriegs verstärkt" (Loth 2014: 11).

Angesichts dieser historischen Parallelen und längerfristig wirksamen Traditionslinien in den Einigungsmotiven liegt es nahe, zu fragen, warum die europäischen Einigungsversuche nach dem Ersten Weltkrieg scheiterten und erst die noch größere Katastrophe des Zweiten Weltkriegs Bedingungen hervorbrachte, die jenen stufenförmigen Prozess der Integration in Gang setzten, der zur heutigen Europäischen Union geführt hat.

In der Literatur finden sich hierauf unterschiedliche Antworten. Genannt werden: Die Bedeutung gesellschaftlicher und politischer Lernprozesse (Platzer 1995) infolge der neuen Qualität der kollektiven Schreckenserfahrungen durch den Zweiten Weltkrieg und den Holocaust; die besonderen Konstellationen des Kalten Krieges und der bipolaren Weltordnung, die als Katalysatoren der westeuropäischen Integration wirkten; ferner die Rolle politischer Eliten und einzelner Führungspersönlichkeiten, die in wichtigen Mitgliedstaaten das Projekt vorantrieben; und schließlich die Anwendung einer ebenso visionären wie pragmatischen Integrationsstrategie, die nach ihrem Erfinder Jean Monnet,[45] einem der Gründerväter und

---

[45] Jean Monnet (1888–1979) entstammte einer französischen Kaufmannsfamilie. Seinen unternehmerischen Hintergrund brachte er während des Ersten und Zweiten Weltkriegs in verschiedene Beratungsfunktionen für die französische Regierung und die Alliierten ein. Von 1920 bis 1923 war er stellvertretender Generalsekretär des

Architekten der EU, als „Methode Jean Monnet" bezeichnet wird. Dieser Ansatz zielt nicht auf den „großen Sprung" einer Staatswerdung Europas, sondern darauf, in Teilschritten eine Integrationsdynamik freizusetzen, die in wirtschaftlichen Bereichen beginnend auf benachbarte Sektoren und weitere Politikbereiche ausgreift.

Die erste bereits im Jahr 1949 geschaffene europäische Organisation ist der Europarat.[46] Er ist eine zwischenstaatliche Einrichtung mit geringer Integrationstiefe und begrenzten Aufgaben, die vor allem in den Bereichen Menschenrechte und Demokratieförderung liegen. Gemessen an den föderalistischen Europavorstellungen der Zwischenkriegszeit, wie Hubermans *Vaterland Europa* oder an Europamodellen, die im antifaschistischen Widerstand in den 1940er Jahren entwickelt wurden,[47] bildet der Europarat einen ersten notwendigen, aber auch sehr begrenzten Schritt in Richtung einer institutionellen Integration Europas. Erst die Folgeprojekte, die Europäische Gemeinschaft für Kohle und Stahl (EGKS) im Jahr 1952 und die Europäische Wirtschaftsgemeinschaft (EWG) im Jahr 1958 öffnen den Weg zu einer überstaatlichen Zusammenarbeit und Integration. Diese Projekte folgen jener historisch neuen Integrationsstrategie, der sogenannten Methode Jean Monnet. Die Kernelemente

---

Völkerbundes. Von 1946 bis 1950 war er Leiter des französischen Planungsamts. In dieser Funktion entwickelte er die Idee einer Europäischen Kohle- und Stahlgemeinschaft unter Einbeziehung des bisherigen Feindstaats Deutschland, ein Projekt, das am 9. Mai 1950 vom französischen Außenminister Robert Schuman der Öffentlichkeit vorgestellt wurde und 1952 in Kraft trat. Jean Monnet war von 1952-1955 der erste Präsident der Hohen Behörde (die heutige EU-Kommission) der EGKS und blieb bis ins hohe Alter in einer Reihe von Ehrenämtern europapolitisch engagiert.

[46] Der Europarat mit Sitz in Straßburg wurde im Mai 1949 von 10 nord- und westeuropäischen Staaten gegründet. Die Bundesrepublik trat 1950 bei. Nach dem Ende des Ost-Westkonflikts hat sich der Europarat zu einer – im Wortsinne – paneuropäischen Staatenorganisation mit derzeit 47 Mitgliedstaaten entwickelt.

[47] Ein prominentes Bespiel ist das 1941 von den inhaftierten italienischen Kommunisten Spinelli, Rossi und Colorni verfasste *Manifest von Ventotene*, in dem eine Nachkriegsordnung im Sinne eines bundesstaatlich verfassten Europas beschrieben wird, das durch einen konstitutionellen Akt herbeigeführt werden soll.

dieses Integrationspfades sind bereits in der Präambel des EGKS-Vertrages benannt. Dort heißt es: „Europa aufbauen" erfordere „konkrete Anstrengungen", die in Kernbereichen der Ökonomie zunächst eine „tatsächliche Verbundenheit schaffen", so dass an die Stelle jahrhundertealter Rivalitäten ein „Zusammenschluss der wesentlichen Interessen" der beteiligten Staaten und Völker treten könne. Dazu müssten „institutionelle Grundlagen geschaffen werden", die einem „gemeinsamen Schicksal den Weg weisen können".

Im Lichte der oben genannten Erwartungen und Einigungsmotive des Haager Kongresses betrachtet, gelingt es diesen beiden Integrationsgemeinschaften, EGKS und EWG, mehrere Problemkreise der Nachkriegspolitik produktiv zu verbinden und einer Lösung zuzuführen: die Sicherung des ökonomischen Erfolgs durch den gemeinsamen Markt; die Sicherung des Friedens durch Verflechtung und Integration; die Stabilisierung Westeuropas in den Zeiten des Kalten Krieges; sowie die Beteiligung und Einbindung Deutschlands – zunächst in seinem westlichen Teil.

Dieser in den 1950er Jahren zunächst von sechs Staaten eingeschlagene Integrationspfad wird in den darauf folgenden Dekaden fortgesetzt. Die Attraktivität des auf den Weg gebrachten Einigungswerks ist so groß, dass sich in jedem darauf folgenden Jahrzehnt neue Mitglieder, ohne Zwang und Druck, anschließen. In der historisch beispiellosen Umbruchsituation, die 1989 mit dem Fall der Mauer zum Ende der bipolaren Weltordnung führt, erweist sich die Europäische Union als Stabilitätsanker und Gravitationszentrum der – so der damalige tschechische Präsident, Vaclav Havel – „Wiedervereinigung Europas". Neben den Erweiterungen – und teilweise in Reaktion darauf – kommt es zu wiederholten Vertragsänderungen, um neue Integrationsziele festzulegen und durch die Anpassung der Institutionen und Entscheidungsverfahren weitere Schritte der Integrationsvertiefung zu ermöglichen. Bedeutende Stufen der Integrationsvertiefung sind die Vollendung des Binnenmarktes in den 1980er und 1990er Jahren und die Schaffung einer Währungsunion um die Jahrtausendwende. Im Wechselspiel von Erweiterung und Vertiefung und über Phasen der Krise und Stagnation wie Phasen der Dynamik hinweg entsteht in gut 60 Jahren ein historisch singulärer Staatenverbund, die heutige EU. Für ihren Beitrag zur Schaffung einer stabilen Friedensordnung in Europa wird die EU im Jahr 2012 mit dem Friedensnobelpreis ausgezeichnet.

Bereits auf den ersten Blick lässt diese hier im Schnelldurchlauf eingeblendete Integrationsentwicklung nach dem Zweiten Weltkrieg erkennen, dass und wie Hubermans europapolitische Gedankenwelt, als Teil eines vielschichtigen historischen Diskurses und politischen Prozesses „über den Tag hinaus" Relevanz beanspruchen kann.

In einer solchen längerfristigen Perspektive, die Rückblicke, Gegenwartsbezüge und Ausblicke verbindet, soll Hubermans Beitrag zum Jahrhundertprojekt eines vereinten Europa abschließend gewürdigt werden.

Hubermans visionärer Realismus

Besondere Beachtung verdienen zunächst jene europapolitischen Vorstellungen Hubermans, die sich nicht nur durch originelle Akzente von Integrationskonzepten seiner Zeitgenossen abheben, sondern die sich in den Integrationsprozessen nach 1945 als realitätstauglich und wirkungsmächtig erwiesen haben.

Dies ist zunächst Hubermans Konzeption einer politisch eingebetteten Zollunion, die in einem zehnjährigen Stufenprozess verwirklicht werden sollte. Wie in Kapitel 2 beschrieben, spielte die Schaffung einer Zollunion in den politisch-diplomatischen Debatten, wie in den Initiativen gesellschaftlicher Netzwerke (etwa des „Zollvereins") in den 1920er und 1930er Jahren eine gewichtige Rolle. Jedoch arbeitet Huberman weit präziser und weitsichtiger als die meisten zu seiner Zeit entwickelten Konzepte heraus, dass der Zollabbau allein keinen Integrationserfolg gewährleistet, sondern dass eine Zollunion, die als Vehikel der europäischen Einigung dienen soll, auch eine übergreifende politische Architektur benötigt. Exakt einem solchen Bauplan folgt der EWG-Vertrag von 1958 und exakt in einem auf zehn Jahre angelegten Stufenprozess wird die Zollunion realisiert.

Auch Hubermans Annahme einer sich vorrangig utilitaristisch legitimierenden Integration, also einer politischen und wirtschaftlichen Zusammenarbeit, die den beteiligten Partnern nützt und materielle Vorteile bringt, hat sich als eine entscheidende Triebfeder des Integrationsgeschehens erwiesen. Stehen im Gründungsprozess der EGKS noch friedens- und sicherheitspolitische Motive und Interessen im Vordergrund, gewinnen in der Folgezeit ökonomische Interessen und Nutzenkalküle an Gewicht. Bereits die Beitrittsgesuche Großbritanniens in den 1960er Jahren folgten maßgeblich einem solchen Nützlichkeitsdenken. Dieses speiste sich daraus, dass die EWG schon in ihren Anfangsjahren ökonomische Erfolge aufzuweisen hatte, an denen man teilhaben wollte. Auch bei allen nachfolgenden Schritten zur Erweiterung und Vertiefung der Integration lässt sich beobachten, in welch starkem Maße utilitaristische Erwägungen die Integrationsbereitschaft der mitgliedstaatlichen Regierungen und ihrer Wählerschaften definieren.

Schließlich wird Hubermans zentrales integrationspolitisches Axiom, wonach die europäische Einigung ein friedenspolitisches Projekt ist, bei dessen Verwirklichung die Ökonomie *die* strategische Entwicklungsachse bilden sollte, von der Gründung der EWG über die Binnenmarktvollendung bis zur Schaffung der Währungsunion durch den realen Verlauf der EU-Integration bestätigt. Diese Prägekraft der ökonomischen Integrationsdynamik – ein Markt, eine Währung – gilt ungeachtet der Tatsache, dass bei den Maastrichter Vertragsverhandlungen über die Währungsunion (1990) auch politische Faktoren, allen voran die deutsche Wiedervereinigung, eine wichtige Katalysatorfunktion hatten.[48] Durch die Europäische Währungsunion, dem „Finalité"-Projekt der ökonomischen Integration, konnte um die Jahrtausendwende eingelöst werden, was Jacques Rueff, Berater Robert Schumans, rund vierzig Jahre zuvor auf die Formel gebracht hatte: „l'Europe se fait par la monnaie, ou se ne fera pas."

Mit einer seiner zentralen Annahmen zum integrationspolitischen modus operandi trifft Huberman hingegen nicht ins Schwarze. Nämlich mit seiner Vorstellung, dass die europäische Einigung nur möglich sei, wenn sie von breiten, proeuropäisch aufgeklärten Bevölkerungsschichten getragen werde. Hier folgte der beschrittene Pfad über mehrere Jahrzehnte hinweg einer anderen Logik: Die Integrationsentwicklung wurde vor allem von politischen und wirtschaftlichen Funktionseliten vorangetrieben, während die Bevölkerung in den Mitgliedstaaten eine zwar mehrheitlich wohlwollende, aber letztlich passive Haltung einnahm – eine Haltung, die in der Integrationsliteratur als „permissive consensus" beschrieben wird.

Von bemerkenswertem Weitblick sind Hubermans in Kapitel 4 ausführlich dargelegten Reflexionen zur kulturellen Dimension Europas und seine Vorstellungen zu einer europäischen Mentalität.

Sein Grundgedanke einer produktiven Vielfalt nationaler und regionaler Kulturen in Europa, die durch die europäische Einigung nicht eingeebnet, sondern geachtet werden, findet sich wieder im EU-Leitbild „in Vielfalt geeint". Diese „unitas multiplex" wird im EU-Reformvertrag, der 2009 in Kraft getreten ist, explizit bekräftigt und findet in der Kompetenzorganisation der EU in Gestalt des Subsidiaritätsprinzips ihren Niederschlag. In

---

[48] Eine eingehende Analyse dieser verschiedenen Wirkkräfte findet sich in: Hans-Wolfgang Platzer und Walter Ruhland (1994): *Welches Deutschland in welchem Europa?* S. 85 ff.

der Präambel der Grundrechtecharta der EU, die Teil des Vertrages ist, heißt es:

„In dem Bewusstsein ihres geistig-religiösen und sittlichen Erbes gründet sich die Union auf die unteilbaren und universellen Werte der Würde des Menschen, der Freiheit, der Gleichheit und der Solidarität (...). Die Union trägt zur Erhaltung und zur Entwicklung dieser gemeinsamen Werte unter Achtung der Vielfalt der Kulturen und Traditionen der Völker Europas sowie der nationalen Identität der Mitgliedstaaten (...) bei."

Von hoher Aktualität sind Hubermans Überlegungen zur europäischen Mentalität. Sie führen ins Zentrum aktueller wissenschaftlicher Debatten und identitätspolitischer Auseinandersetzungen über die Frage, wie sich im EU-Integrationsverbund „Zugehörigkeit" und „Zusammengehörigkeit", „Identitäten" und „Identifikationen" entwickeln (Hentges und Platzer 2017: 1ff) und ob und inwieweit die EU, anderen politischen Systemen oder Gemeinwesen vergleichbar, von einer gemeinsamen Bürgeridentität getragen wird, die den politischen und gesellschaftlichen Zusammenhalts eben dieses „Gemeinwesens" gewährleistet (Meyer 2004).

In der vielschichtigen Debatte über eine kollektive europäische Identität stehen sich – um es hier lediglich anzudeuten und zuzuspitzen – zwei Denkschulen gegenüber: eine „essentialistische" und eine „konstruktivistische". Nach ersterer ist ein gemeinsames geschichtliches und kulturelles Erbe „objektiv" vorhanden und bildet ein kollektives Identitätsmoment, in das man gleichsam hineingeboren wird. Eine europäische „Wir-Identität" muss demnach nicht „diskursiv erzeugt", sondern nur „aufgefunden" werden. Demgegenüber argumentieren konstruktivistische Ansätze, dass eine kollektive Disposition, nach der sich in Europa geborene und auf diesem Kontinent lebende Menschen als „EuropäerIn" empfinden nur als „soziales Konstrukt", also als Ergebnis eines gesellschaftlichen Verständigungsprozesses möglich ist. Eine das Denken und Verhalten prägende europäische „Wir-Identität" muss demzufolge immer erst diskursiv entwickelt und zudem immer wieder neu geschaffen werden.

Hubermans Vorstellungen zur europäischen Mentalität wären im gegenwärtigen Wissenschaftsdiskurs über eine kollektive europäische Identität dem „essentialistischen" Ansatz verpflichtet. Freilich bewegt er sich mit seinen Vorstellungen über ein unverzichtbares aktives Werben für Paneuropa und über eine notwendige öffentliche Kommunikation und geistige Mobilisierung als Vorbedingung politischer und wirtschaftlicher Einigungsschritte teilweise auch auf „konstruktivistischem" Terrain. Hubermans Sicht auf eine kulturell verankerte europäische Identität als gleichsam „naturwüchsige" Grundlage seines zu schaffenden *Vaterlands Europa* war zu seiner Zeit schon deshalb originell und kühn, weil die damaligen gesellschaftlichen Selbstverständigungsprozesse stark nationalistisch und völkisch ausgerichtet waren. Empirisch überprüfen konnte er seine Argumentation nicht, da ihm weder soziologische oder mentalitätsgeschichtliche Untersuchungen über das Europabewusstsein unterschiedlicher Bevölkerungsgruppen in den Ländern Europas noch demoskopische Umfragen zur Verfügung standen, die ein repräsentatives Bild über europapolitische Einstellungen vermittelt hätten.[49] Heute verfügt die Europaforschung über belastbare Erkenntnisse, die – in knappen Strichen skizziert – das folgende Bild ergeben: Bei der Herausbildung einer europäischen Identität bzw. einer EU-Identität spielen nationale Kontexte und national gefilterte Erfahrungen eine zentrale Rolle. Nationale Identifikationsgrade mit der EU variieren entlang der Zeitachse wie auch nach Ländern. Quer zu den nationalen Einflüssen steht die soziale Stratifikation:

---

[49] Eine solche gegenwärtig verfügbare Informationsquelle ist beispielsweise das von der EU-Kommission seit mehreren Jahrzehnten herausgegebene „Eurobarometer", das als Langzeituntersuchung angelegt ist und kontinuierlich die Erwartungen der Bevölkerung an die EU und die Einstellungen zum EU-Integrationsprozess in allen EU-Mitgliedstaaten analysiert.

„Gebildete und Wohlhabende identifizieren sich EU-weit und unabhängig von der nationalen Zugehörigkeit stärker mit der EU als weniger Gebildete und ärmere Personen" (Wiesner 2017: 47). Dieses sozio-demographische Grundmuster kollektiver europäischer Identitätsbildung fand beispielsweise in den Ergebnissen des britischen EU-Referendums im Jahr 2016 einen signifikanten Niederschlag. Die Langzeiterhebungen des Eurobarometers der EU-Kommission fördern bei der Frage „ich fühle mich meiner Region, meinem Land, der EU in folgender Weise verbunden" ein Identitätsmuster zu Tage, das man als multiple Identität oder als Mehr-Ebenen-Identität bezeichnen kann. Demzufolge fühlt sich ein vergleichsweise hoher und zugleich stabiler Anteil der Bevölkerung nicht nur als Angehöriger seiner Region oder seines Landes, sondern zugleich auch als EuropäerIn bzw. EU-BürgerIn. Aktuelle Zustimmungswerte zur Europäischen Union (EU-Kommission 2018) sind trotz des jüngsten Krisengeschehens insgesamt stabil geblieben. Freilich ist eine Wir-Identität der Menschen in der EU noch nicht so weit entwickelt und belastbar, um europäische Mehrheitsentscheidungen und grenzübergreifende Umverteilungen in größerem Ausmaß zu akzeptieren.

Im gegenwärtigen politischen Ringen um die zukünftige Gestalt der Europäischen Union spielen Auseinandersetzungen um kollektive Identitäten eine nie dagewesene Rolle. Identitätspolitik tritt als stark polarisierendes gesellschaftspolitisches Konfliktmuster europaweit in den Vordergrund.

Dabei gewinnt am einen Pol in einzelnen Ländern der EU eine ethnisch-biologistische Identitätspolitik rechtspopulistischer und rechtsextremer Kräfte an Gewicht und es formiert sich eine „Internationale der Nationalisten", die eine ausschließlich nationalstaatlich fixierte kollektive Identität propagieren. Die Politik dieser Parteien und gesellschaftlichen Kräfte ist darauf gerichtet, die EU zu schwächen, ja zu zerstören. Am anderen Pol wird eine Sicht auf die Identität der EU vertreten, die exemplarisch in einer Serie von „Europa-Reden" des französischen Staatspräsidenten Macron zum Ausdruck kommt (Thomas 2018: 128ff): Die Europäische Union baut für Macron – der Position Hubermans vergleichbar – auf gemeinsamen kulturellen und zivilisatorischen Grundlagen auf, die er in einem Tonfall beschreibt („... das Europa der Zirkel, der Zeitschriften, der Reisenden, der Bibliotheken und der Ideen..."), der an essentialistische Vorstellungen einer kollektiven europäischen Identität erinnert – und gleichfalls an manche Passagen in Hubermans Beschreibung einer gemeinsamen, kulturell verankerten *europäischen Mentalität*. Des Weiteren bilden die in der EU zusammengeschlossenen Staaten und Völker für Macron eine „historische Schicksalsgemeinschaft" und zugleich eine politische Einheit, die auf gemeinsamen Werten basiert, wobei er die Werte „Freiheit, Demokratie und sozialer Ausgleich" besonders hervorhebt. Mit dieser Identitätskonstruktion, die Macron mit proeuropäisch gesinnten Akteuren in anderen EU-Mitgliedstaaten teilt, wird die europäische Identität „(…) nicht über ein gemeinsames 'Anderes' oder ein gemeinsames Feindbild konstruiert (…), sondern (…) über den Versuch der Definition dessen, was die EuropäerInnen eigentlich im Kern gemeinsam haben, sowohl politisch als auch kulturell" (Thomas 2018: 134).

Wie verhält sich nun die gegenwärtige EU als Ganzes zu Hubermans *Vaterland Europa*? Welche Elemente seiner europapolitischen Gedankenwelt finden sich im Entwicklungsprozess und institutionellen Aufbau der Europäischen Union wieder? Wo weichen Praxis und Ergebnisse der EU-Integration davon ab?

Wie ausführlich dargelegt, sieht Huberman ein geeintes bundesstaatlich verfasstes Europa aus der Abfolge mehrerer *organisch* verbundener Integrationsschritte, entstehen: *„Zollunion, Währungsunion und Rechtsangleichung, Abrüstung der nationalen Armeen, Aufstellung einer übernationalen Armee, wirklichen Minderheitenschutz, Unsichtbarmachung der*

Grenzen und als Krönung des Ganzen Politische Union" (Huberman 1932: 68).

Stellt man dieser in Stenogrammform gebündelten Prozess- und Zielbeschreibung Hubermans die heutige Europäische Union gegenüber, so ergeben sich bemerkenswerte Übereinstimmungen: Die Zollunion und die Währungsunion sind verwirklicht; die Rechtsangleichung ist in vielen Politikfeldern – vom Wettbewerbsrecht bis zum Umwelt- und Verbraucherschutz – weit fortgeschritten; die EU-Grundrechtecharta garantiert nicht zuletzt auch Minderheitenrechte; der in den 1980er Jahren begonnene Schengen-Prozess hat zur Abschaffung der Binnengrenzen geführt. Auch die Politische Union ist seit dem Vertrag von Maastricht (1991) als Rahmen für gemeinsam zu entwickelnde Politiken und als Integrationsziel verankert, wenngleich freilich nicht so weit gediehen, dass von einer finalen „Krönung" (einer dann bundesstaatlich verfassten EU) gesprochen werden könnte. Gleiches gilt für die Ersetzung nationaler Armeen durch eine übernationale Armee. Hier weist der integrationspolitische Status quo allenfalls erste Ansätze (gemeinsame Rüstungsbeschaffung, multinationale Einsatzkräfte etc.) auf.

Hubermans *Vaterland Europa* wird nicht durch einen einmaligen konstitutionellen Gründungsakt geschaffen, besitzt aber am Ende des Einigungsprozesses bundesstaatliche Qualität. Davon ist die heutige Europäische Union deutlich entfernt, auch wenn sie nach einem nunmehr gut 60-jährigen Entwicklungs- und Wachstumsprozess mittlerweile über eine Reihe wichtiger Merkmale von „Staatlichkeit" verfügt. Die Europäische Union stellt

> „(…) eine Neukonfiguration moderner 'Staatlichkeit' dar, sofern man hier den rein nationalstaatlich belegten Begriff benutzen kann. Sie steht für einen neuen Strang gebündelter Aufgaben, Funktionen und Problemlösungen, der sich jedoch nicht als 'europäischer Staat' nach dem Vorbild nationaler Gebilde vorstellen lässt,

sondern als genuine Neuformierung staatlicher Strukturen: nicht allumfassend, nicht immer autonom, nicht genuin souverän – aber wirksam, rechtsstaatlich verfasst und legitim" (Leibfried 2005: 315).

Diesen spezifischen Eigenschaften der EU – mehr als ein Staatenbund, weniger als ein Bundesstaat – versucht die Bezeichnung „Staatenverbund"[50] ebenso Rechnung zu tragen, wie die politikwissenschaftliche Beschreibung der EU als ein „politisches System sui generis oder novi generis", also als ein in der bisherigen Geschichte und gegenwärtigen Welt singuläres und neuartiges politisches Gebilde.

Das hier unternommene Gedankenexperiment, Hubermans Vorstellungen zu einem vereinten Europa und zum modus operandi der Integration dem realen Einigungsgeschehen nach dem Zweiten Weltkrieg und der heutigen EU gegenüberzustellen, führt zu folgendem Schluss:

Drei Kernelemente der Huberman'schen Europakonzeption, die politisch eingebettete Zollunion als Ausgangsprojekt, der Utilitarismus als Triebfeder und die Ökonomie als strategische Entwicklungsachse, haben maßgeblich den Einigungsprozess nach dem Zweiten Weltkrieg bestimmt. Auch weist die heutige Europäische Union in einer Reihe wichtiger Politikfelder Integrationsleistungen auf, die Huberman ein knappes Jahrhundert zuvor beschrieben und gefordert hat. Und schließlich lebt auch der normative Gehalt seiner auf Völkerfrieden und gesellschaftliche Wohlfahrt gerichteten Botschaften in gegenwärtigen Europadiskursen fort.

Es ist deshalb keine Übertreibung, Huberman als visionären Realisten oder realistischen Visionär zu charakterisieren und es ist überfällig, ihn, den weithin in Vergessenheit geratenen europapolitisch engagierten

---

[50] Diesen zwischen „Bundesstaat" und „Staatenbund" angesiedelten Terminus „Staatenverbund" führte das Bundesverfassungsgericht zur Kennzeichnung der EU bei seiner Rechtsprechung zum Vertrag von Maastricht ein.

Künstler, in den Kreis bedeutender Ideengeber und Wegbereiter eines vereinten Europa aufzunehmen.

Hubermans europapolitisches Vermächtnis in Zeiten der Krise und Geschichtsvergessenheit

Die Zukunft des europäischen Projekts ist zum Zeitpunkt der Fertigstellung dieser Schrift (Frühjahr 2019) ungewiss. Es stellen sich brennende Fragen, die auch die in diesem Schlusskapitel noch einmal herausgearbeiteten Maximen der Huberman'schen Europakonzeption an zentraler Stelle berühren: Werden die von Huberman weitsichtig beschriebenen und eingeforderten offenen Binnengrenzen, – eine der zentralen Errungenschaften der heutigen EU – unter dem Druck globaler Flucht- und Migrationsbewegungen Bestand haben? Werden die Huberman'schen integrationsstrategischen Kernprojekte, der grenzenlose Markt und die gemeinsame Währung, kommenden Wirtschafts- und Finanzmarktkrisen Stand halten? Wird die utilitaristische Integrationslogik die legitimierende Kraft behalten, die Huberman ihr zuschreibt, oder droht diese verloren zu gehen, weil die Europäische Union in ihrer heutigen (im doppelten Wortsinne) politischen Verfassung nicht oder nicht hinreichend in der Lage ist, durch effektives Problemlösen ihren Nutzen unter Beweis zu stellen?

Es ist vor allem das zeitliche Zusammentreffen und die wechselseitige Verstärkung von gleich mehreren krisenhaften Entwicklungen historischen Ausmaßes, die das europäische Einigungswerk in den zurückliegenden Jahren erschüttert haben und die die EU heute – erstmals in ihrer Geschichte – existentiell bedrohen:

In diesem Krisenbogen, der hier nur in groben Strichen skizziert sei, steht die Weltfinanzmarktkrise des Jahres 2008 an erster Stelle. In ihr kulminierten langjährige Fehlentwicklungen einer neoliberalen Globalisierung, an der auch die Ausrichtung der EU-Politik ihren Anteil hatte, und sie nahm, wie jene von Huberman thematisierte Weltwirtschaftskrise des Jahres 1929, in den USA ihren Ausgang. Auch wenn der Kollaps des globalen kapitalistischen Systems durch staatliche Maßnahmen zur Bankenrettung verhindert werden konnte, führten die Entwicklungen u.a. durch Staatsschuldenkrisen zu einer „Eurokrise". Auch hier konnte das Krisenmanagement durch die EU-Institutionen und die Europäische Zentralbank ein Auseinanderbrechen der Eurozone zwar verhindern, nicht jedoch tiefe ökonomische Einbrüche und soziale Verwerfungen zumal in den „Krisenländern". Im Ergebnis hat die Krise realwirtschaftliche Divergenzen unter den Euroländern vergrößert und Spannungen zwischen unterschiedlichen nationalen Wirtschafts- und Währungskulturen entlang einer Nord-Süd-Achse verstärkt.

An zweiter Stelle ist die Zuwanderung von Flüchtlingen und Migranten zu nennen. Sie hat im zurückliegenden Jahrzehnt eine in der bisherigen EU-Geschichte gleichfalls bespiellose Größenordnung angenommen und in der europäischen Asyl- und Flüchtlingspolitik weitere Spaltungslinien hervortreten lassen; darunter eine wachsende politisch-kulturelle Divergenz zwischen den östlichen und westlichen Mitgliedstaaten.

In Folge dieser Krisen ist es neben den zunehmenden zwischenstaatlichen Spannungen auch zu wachsenden innergesellschaftlichen Polarisierungen gekommen: im Zuge der ökonomischen Krise zwischen „unten" und „oben", im Zuge der Migrationsherausforderungen zwischen „innen" und „außen". Inzwischen werden offene Grenzen und offene Märkte von (wachsenden) Teilen der Bevölkerung nicht mehr als Chance, sondern zunehmend als Bedrohung empfunden.

Die skizzierten Entwicklungen haben, drittens, ein Phänomen hervorgebracht, das es in der bisherigen Integrationsgeschichte in dieser Form nicht gab, nämlich eine sozio-kulturelle Identitätskrise, die sich nicht zuletzt in einer Stärkung populistischer und nationalistischer Kräfte und europafeindlicher Strömungen manifestiert. Aus dieser Kräfteverschiebung resultieren wiederum Politikergebnisse, die bis vor kurzem noch für unmöglich gehalten wurden: so das Votum einer (knappen) britischen Bevölkerungsmehrheit für einen Austritt aus der Union oder die Regierungsübernahme durch Parteien mit einer antidemokratischen Grundhaltung und Praxis sowie einer dezidiert EU-feindlichen Rhetorik.

Manche dieser Entwicklungen erinnern an Vorgänge in den 1920er und 1930er Jahren und an Herausforderungen, die Huberman in seiner Europakonzeption thematisiert. So ist – vergleichbar den politischen und sozialen Folgen der Weltwirtschaftskrise von 1929 – gegenwärtig zu beobachten, wie eine wachsende gesellschaftliche Ungleichheit und weit in die Mittelschichten hineinreichende Ängste vor sozialem Abstieg und Identitätsverlust, die Idee der Zusammenarbeit über Grenzen hinweg diskreditieren und die Neigung zu nationaler Abschottung, zu autoritären Herrschaftsformen und zu ethnischer Homogenisierung befördern.

Angesichts dieser historischen Parallelen und der desintegrativen Kräfte, die in der heutigen EU am Wirken sind, wird deutlich, wie aktuell und zukunftsweisend Hubermans Europa-Entwurf ist. Denn sein *Vaterland Europa* ist ein kosmopolitisches, ein demokratisches und ein soziales Europa.

Das kosmopolitische Europa Hubermans, das auf die Überwindung von Völkerhass und auf die Anerkennung von Vielfalt in einer überstaatlichen Ordnung zielt, verarbeitet die Erfahrungen des Ersten Weltkriegs und hat auch Wurzeln in Hubermans Biografie. Ein solches Europa wird heute von einem sich ausbreitenden Nationalismus und engstirnigen Kommunitarismus bedroht, der sich nicht selten mit völkischen und rassistischen Haltungen paart.

Das demokratische Europa ist für Huberman Ausgangspunkt und Grundlage seines Integrationsprojekts. Denn erst mit der Ablösung der monarchistischen Herrschaft in Europa am Ende des Ersten Weltkriegs sieht er die Zeit gekommen, das *Vaterland Europa,* von demokratischen Mehrheiten getragen, aufzubauen. In der Geschichte der EU war und ist Demokratie ein Leitprinzip und Grundbaustein der Integration. Nur Staaten, die den Übergang von einer autoritären Herrschaft zur Demokratie bewältigt haben (Spanien, Portugal und Griechenland in den 1980er Jahren, die mittelosteuropäischen Staaten in den 2000er Jahren), können der EU beitreten. Die Mitgliedschaft verpflichtet zur Wahrung rechtsstaatlicher und demokratischer Prinzipien. Gegenwärtig sind demokratische Werte und Standards in dem Maße bedroht, in dem Vorstellungen einer „illiberalen Demokratie" – so etwa die provokant-zynische Selbstbeschreibung der eigenen Regierungspraxis durch den ungarischen Regierungschef Viktor Orban – mehrheitsfähig werden.

Das soziale Europa ist für Huberman Ziel der europäischen Integration und die Integration ist zugleich Mittel, dieses Ziel zu erreichen. Denn für Huberman befördert der große einheitliche Wirtschaftsraum Wachstum und Wohlstand und überwindet dadurch die Klassengesellschaft seiner Zeit. Heute bedrohen wachsende Wohlstandsgefälle sowohl den gesellschaftlichen Zusammenhalt innerhalb der einzelnen EU-Staaten wie den politischen Zusammenhalt der Union als Ganzes.

Die Vernachlässigung der sozialen Dimension ist ein gravierendes Defizit der Europäischen Integrationspolitik der vergangenen zwei Dekaden. Die Stärkung dieses Politikfeldes ist zugleich eine der schwierigen gegenwärtigen Aufgaben, da wesentliche sozialpolitische Kompetenzen bei den Mitgliedstaaten liegen und gemeinsame europäische Lösungen strukturell häufig blockiert sind (Platzer 2019).

Für die Lösung derartiger integrationspolitischer Gegenwartsprobleme lassen sich in Hubermans Schriften natürlich keine Patentrezepte finden. Wohl aber kann Huberman mit seinen vor dem Erfahrungshintergrund des Ersten Weltkriegs entwickelten Europa-Vorstellungen den Blick für die historische Dimension des europäischen Einigungswerks schärfen und dazu beitragen, einer derzeit grassierenden Geschichtsvergessenheit im Umgang mit dem Thema „Vereintes Europa" entgegenzuwirken. Geschichtsvergessenheit meint nicht, Fehlentwicklungen der EU zu kritisieren und Umbaumaßnahmen am europäischen Haus einzufordern. Reformen der EU sind erforderlich und die Europäische Kommission selbst hat dazu in einem „Weißbuch" (Europäische Kommission 2017) fünf unterschiedliche Szenarien entwickelt; darunter die Strategie einer umfassenden Vertiefung und Föderalisierung der EU, einen Zukunftspfad „flexibler" Integration (nicht alle machen alles, integrationswillige Staaten gehen voran) sowie einen Entwicklungsweg, bei dem sich die Verantwortung der Union nur auf einige Kernbereiche der Politik (Wirtschaft, Währung, Sicherheit) konzentriert.

Geschichtsvergessen ist es auch nicht, im Nationalstaat weiterhin einen unverzichtbaren Handlungsrahmen für demokratisch organisierte gesellschaftliche Solidarleistungen zu sehen; wohl aber eine Sicht, die das Verhältnis der EU zum Nationalstaat als Nullsummenspiel begreift – was die eine Ebene gewinnt, verliert die andere. Ein solches Denken nimmt nicht zur Kenntnis, dass erst die Bündelung bestimmter Aufgaben auf europäischer Ebene und das gemeinschaftliche Handeln, den Mitgliedstaaten jene „Souveränität" verleiht, die es ihnen ermöglicht, grenzübergreifende Probleme zu lösen und das Weltgeschehen zu beeinflussen.

Geschichtsvergessen wird die Auseinandersetzung um die Zukunft des europäischen Projekts vor allem dann geführt, wenn die epochalen Errungenschaften und friedensstiftenden Prinzipien der Europäischen Union, nämlich die Lösung zwischenstaatlicher Konflikte mittels gemeinsamer Institutionen, geteilter Souveränität und supranationalem Recht, geringgeschätzt oder leichtfertig aufs Spiel gesetzt werden. Leichtfertig wird mit der Zukunft der EU umgegangen, wenn die Fähigkeit zum Kompromiss und die Akzeptanz einer notwendigerweise komplexen und oft mühsamen EU-Entscheidungsfindung verloren gehen.

Geschichtsvergessen ist schließlich ein von Nationalisten, Populisten und rechten Extremisten propagiertes „Zurück" zu einem „Europa der Vaterländer", weil dieses – trotz des neutral klingenden Begriffs – kein Europa friedlich kooperierender Nationalstaaten wäre, sondern unweigerlich ein Europa neuer zwischenstaatlicher Rivalitäten, fragiler Allianzen und alter Vormachtkonflikte.

Angesichts einer geschichtsvergessenen Europadebatte, die gegenwärtig unterschiedliche Ausdrucksformen und bedenkliche Ausmaße annimmt, ist die Beschäftigung mit Hubermans Gedankenwelt zu einem *Vaterland Europa* mehr denn je ein lohnendes Unterfangen welches zeigt, wie viel dieser politisch weitsichtige Violinvirtuose und europäische Patriot noch immer zu sagen hat.

Literaturverzeichnis

Aronson, Peter (2018): Bronislaw Huberman: From child prodigy to hero, the violinist who saved Jewish musicians from the Holocaust, New York.

Aronson, Josh und George, Denise (2016): Orchestra of Exiles, New York.

Auswärtiges Amt (Hrsg.) (1953): Europa. Dokumente zur Frage der europäischen Einigung, Bonn.

Avni, Tzvi (Hrsg.) (1977): The Bronislaw Huberman Archive (1882-1947): Catalogue, Tel Aviv.

Böttcher, Winfried (Hrsg.) (2014): Klassiker des europäischen Denkens. Friedens- und Europavorstellungen aus 700 Jahren europäischer Kulturgeschichte, Baden-Baden.

Burghard, Oliver (2000): Das gemeinsame Europa – Von der politischen Utopie zum gemeinsamen Programm. Meinungsaustausch und Zusammenarbeit pro-europäischer Verbände in Deutschland und Frankreich 1924-1933, Frankfurt am Main.

Buschak, Willy (2014): Die Vereinigten Staaten von Europa sind unser Ziel. Arbeiterbewegung und europäische Einigung im frühen 20. Jahrhundert, Essen.

Campbell, Margaret (1980): The Great Violinists, Garden City, NY.

Cecchini, Paolo (1988): Europa '92. Der Vorteil des Binnenmarktes, Baden-Baden.

Conze, Vanessa (2004): Richard Coudenhove-Kalergi. Umstrittener Visionär Europas, Zürich.

Conze, Vanessa (2005): Das Europa der Deutschen. Ideen von Europa in Deutschland zwischen Reichstradition und Westorientierung (1920–1970), München.

Coudenhove-Kalergi, Richard (1923): Paneuropa, Wien/ Leipzig.

Coudenhove-Kalergi, Richard Nicolaus von (1966): Ein Leben für Europa. Meine Lebenserinnerungen, Köln.

Coudenhove-Kalergi-Stiftung (Hrsg.) (2006): Richard Coudenhove-Kalergi: Ausgewählte Schriften zu Europa, Wien.

Deswarte, Richard (2013): An American Future? Perceptions of the United States and the Idea of Europe in the Interwar Period, in: Vittorio Dini und Matthew D'Auria (Hrsg.), The Space of Crisis. Images and Ideas of Europe in the Age of Crisis: 1914–1945, Brüssel.

Eggebrecht, Harald (2005): Große Geiger (erweiterte Ausgabe), München.

Europäische Kommission (2017): Weissbuch zur Zukunft Europas, Brüssel.

Europäische Kommission (2018): Eurobarometer, Umfrage Mai.

Fattmann, Rainer (2018): Das Europa der Arbeiter. Leitbilder gewerkschaftlicher Europapolitik bis in die Mitte der 1970er Jahre. Hans-Böckler-Stiftung, Study Nr. 387, Düsseldorf

Fischer, Joschka (2001): Vom Staatenverbund zur Föderation – Gedanken über die Finalität der europäischen Integration. In: Marhold, Hartmut (Hrsg.): Die neue Europadebatte. Leitbilder für das Europa der Zukunft, Bonn.

Franke, Heinrich (2014): Die Schaffung Europas in der Zwischenkriegszeit: politische, wirtschaftliche und gesellschaftliche Konstruktionen eines vereinten Europas, Münster.

Friedrich, Carl J. (1972): Europa – Nation im Werden? Bonn.

Frommelt, Reinhard (1977): Paneuropa oder Mitteleuropa. Einigungsbestrebungen im Kalkül deutscher Wirtschaft und Politik 1925-1933. Stuttgart.

Goetz, Helmut (1967): Bronislaw Huberman and the Unity of Europe, http://www.huberman.info/literature/pan-europa/goetz

Haas, Ernst B. (1958): The Uniting of Europe. Political, Social and Economic Forces, 1950–1957, Stanford.

Hartnack, Joachim W. (1977): Große Geiger unserer Zeit, Zürich/Freiburg i.B.

Henrich-Franke, Christian (Hrsg.) (2014): Die „Schaffung" Europas in der Zwischenkriegszeit: politische, wirtschaftliche und gesellschaftliche Konstruktionen eines vereinten Europas, Münster.

Hentges, Gudrun und Platzer, Hans-Wolfgang (2017): Einleitung, in: Hentges, Gudrun; Nottbohm, Kristina und Platzer, Hans-Wolfgang, (Hrsg.), Europäische Identität in der Krise? Europäische Identitätsforschung und Rechtspopulismusforschung im Dialog, Wiesbaden.

Hériot, Edouard (1930): Vereinigte Staaten von Europa, Leipzig.

Hinnenkamp, Volker und Platzer, Hans-Wolfgang (2013): Einleitung: Interkulturalität und Europäische Integration, in: dies. (Hrsg.), Interkulturalität und Europäische Integration, Stuttgart.

Holl, Karl (2002): Richard Nikolaus Graf Coudenhove-Kalergi und seine Vision von „Paneuropa", in: Duchhardt, Heinz (Hrsg.), Europäer des 20. Jahrhunderts. Wegbereiter und Gründer des „modernen" Europa, Mainz

Huberman, Bronislaw (1912): Aus der Werkstatt des Virtuosen, Leipzig und Wien.

Huberman, Bronislaw (1925): Mein Weg zu Paneuropa, in: Zeitschrift Paneuropa. 2. Jahrgang, Heft 5, S.7-34, Wien/Leipzig.

Huberman, Bronislaw (1932): Vaterland Europa, Berlin.

Ibbeken, Ida (1961): The Listener Speaks. 55 Years of Letters from the Audience to Bronislaw Huberman, Tel Aviv.

Ibbeken, Ida; Avni, Tzvi (1969): An Orchestra Is Born. The founding of the Palestine Orchestra as reflected in Bronislaw Huberman's letters, speeches, and articles, Tel Aviv.

Kießling, Friedrich (1998): Der Briand-Plan von 1929/30. Europa als Ordnungsvorstellung in den internationalen Beziehungen im 19. und frühen 20. Jahrhundert, in: Themenportal Europäische Geschichte, URL: http://www.europa.clio-online.de/2008/Article=294.

Lang, Klaus (2012): Wilhelm Furtwängler und seine Entnazifizierung, Aachen.

Leibfried, Stefan (2005): Die Transformation von Staatlichkeit in Europa. Zur verschränkten Dynamik der Zerfaserung des Nationalstaates, in: Baum-Ceisig, Alexandra und Faber, Anne (Hrsg.), Soziales Europa? Perspektiven des Wohlfahrtsstaates im Kontext von Europäisierung und Globalisierung. Festschrift für Klaus Busch, Wiesbaden..

Loth, Wilfried (2014): Europas Einigung. Eine unvollendete Geschichte, Frankfurt am Main/New York.

Miller, Susanne und Potthoff, Heinrich (1988): Kleine Geschichte der SPD. Darstellung und Dokumentation 1848–1983, 6. Aufl., Bonn.

Meyer, Thomas (2004): Die Identität Europas. Der EU eine Seele? Frankfurt am Main.

Möller, Horst (1998): Europa zwischen den Weltkriegen, Oldenburg

Morgenthau, Hans J., (1948): Politics among Nations. The Struggle for Power and Peace, New York.

Müller, Guido (2005): Europäische Gesellschaftsbeziehungen nach dem Ersten Weltkrieg. Das Deutsch-Französische Studienkomitee und der Europäische Kulturbund, München.

Neumann, Thomas (1999): Die europäischen Integrationsbestrebungen in der Zwischenkriegszeit, Wien.

Platzer, Hans-Wolfgang und Ruhland, Walter (1994): Welches Deutschland in welchem Europa? Demoskopische Analysen, politische Perspektiven, gesellschaftliche Kontroversen, Bonn.

Platzer, Hans-Wolfgang (1995): Lernprozess Europa. Die EU und die neue europäische Ordnung, 3. vollständig aktualisierte Auflage, Bonn.

Platzer, Hans-Wolfgang (2019): Die Sozial-und Beschäftigungspolitik der Europäischen Union, in: Becker, Peter und Lippert, Barbara (Hrsg.), Handbuch Europäische Union, Wiesbaden.

Plessen, Elisabeth (2011): Bronislaw Huberman oder Das hervorragendste Orchester im kleinsten Lande. Ein Porträt, in: Musik & Ästhetik, 15. Jahrgang, Heft 59, S. 5-19.

Prieberg, Fred K. (1986): Kraftprobe. Wilhelm Furtwängler im Dritten Reich, Wiesbaden.

Raphael, Lutz (2011): Imperiale Gewalt und mobilisierte Nation. Europa 1914-1945, München.

Rat der EU (Hrsg.) (2009): Europa – eine Idee nimmt Gestalt an, Luxemburg.

Roeseler, Albrecht (1987): Große Geiger unseres Jahrhunderts, München.

Schöberl, Verena (2008).: „Es gibt ein großes und herrliches Land, das sich selbst nicht kennt ... Es heißt Europa." Die Diskussion um die Paneuropaidee in Deutschland, Frankreich und Großbritannien 1922–1933 (Gesellschaftspolitische Schriftenreihe der Begabtenförderung der Konrad-Adenauer-Stiftung e.V., Band 2), Berlin.

Schröder, Loraine (2014): Die Internationale Rohstahlgemeinschaft, in: Henrich-Franke, Christian (Hrsg.), Die „Schaffung" Europas in der Zwischenkriegszeit: politische, wirtschaftliche und gesellschaftliche Konstruktionen eines vereinten Europas, Münster.

Schulz, Mathias (2010): Europa-Netzwerke und Europagedanke in der Zwischenkriegszeit, in: Europäische Geschichte Online (EGO), hrsg. vom Institut für Europäische Geschichte, Mainz.

Schwarz, Boris (1983): Great Masters of the Violin: From Corelli and Vivaldi to Stern, Zukerman and Perlman, New York.

Szalsza, Piotr (2001): Bronislaw Huberman, Czyli pasje i namiętności zapomnianego geniusza: Monografia muzyczna skrzypka-wirtuoza. Częstochowa, Muzeum Częstochowskie Częstochowa.

Thomas, Anja (2018): Ein Paradigmenwechsel im französischen Europadiskurs – Auswirkungen für das deutsch-französische Tandem in der EU? In: integration 2/2018. 41. Jahrgang.

von der Lühe, Barbara (1997): „Ich bin Pole, Jude, freier Künstler und Paneuropäer": Der Violinist Bronislaw Huberman, in: Das Orchester. Zeitschrift für Orchesterkultur und Rundfunk-Chorwesen 45(10), S. 8-13.

von der Lühe, Barbara (1998): Die Musik war unsere Rettung! Die deutschsprachigen Mitglieder des Palestine Orchestra, Tübingen.

Walther, Rudolf (2012): 300 Jahre Europäische Union, in: die ZEIT, 6. Dezember.

Wiesner, Claudia (2017): Was ist europäische Identität? Theoretische Zugänge, empirische Befunde, Forschungsperspektiven und Arbeitsdefinition, in: Hentges, Gudrun; Nottbohm, Kristina und Platzer, Hans-Wolfgang (Hrsg.), Europäische Identität in der Krise? Europäische Identitätsforschung und Rechtspopulismusforschung im Dialog, Wiesbaden.

Woytinsky, Wladimir (1926): Die vereinigten Staaten von Europa, Berlin.

Wyrwa, Ulrich (2006): Richard Nikolaus Graf Coudenhove-Kalergi (1894-1972) und die Paneuropa-Bewegung in den 1920er Jahren, in: Historische Zeitschrift, Bd. 283, S. 103-122.

Ziegerhofer-Prettenthaler, Anita (2004): Botschafter Europas. Richard Nikolaus Coudenhove-Kalergi und die Paneuropa-Bewegung in den zwanziger und dreißiger Jahren. Wien.

ibidem.eu

FSC
www.fsc.org
MIX
Papier aus ver-
antwortungsvollen
Quellen
Paper from
responsible sources
FSC® C141904